与父亲书

向迅 著

北 京 出 版 集 团
北京十月文艺出版社

献给父亲

目录

自序：锦书谁寄来

父亲曾给我写过许多封信。

那些信，寄自北京密云，贵州某县，乌鲁木齐，或者别的什么地方。我据此知道父亲正在哪里谋生。每每有他的信被邮差送来，我都会怀着隐秘的喜悦，躲到一个无人打扰的角落，小心翼翼地拆开信封，抽出两三页叠在一起的信纸——多半是从笔记簿或练习册上裁下的内页——展平折痕，逐字逐句读。

父亲在字里行间流露出了十分陌生的一面。这个父亲，就像是换了一副嗓子，换了一个性格，换了一副面孔，和颜悦色地对我说了许多平日里听不到的话，甚至还有点噜苏（啰唆）——在他嘘寒问暖的时候。而且每封信的开头，他总是模仿古人的笔调：吾儿向迅，近来可好？读着这样的句子，总觉得怪怪的，令我忍俊不禁。

实际上，父亲识字不多，好多生僻字不会写，信中因此时不时地蹦出一个错字、别字，乃至他自己造出来的字。但我都会毫无障碍地认出它们，并准确领会他要表达的意思。只是那时，我从未设身处地地想过一个问题：他提笔给远方的儿子写信之前，是否有过片刻的犹疑？

我想象过父亲给我写信时的样子：夏日慵懒无聊的午后，或是春雨霏霏的凉夜，父亲在外省临时的寄居之所左顾右盼，确定房间再无他人，于是鼓起勇气，快速地从枕头下翻找出页面边缘卷曲的笔记簿和圆珠笔，然后正襟危坐于床沿，把笔记簿摊开在沾着泥浆的双膝上，深吸一口气，开始捉笔写信。

这是一个漫长而艰辛的过程。对父亲而言，要把那些散落于记忆深处、已经爬满青苔的汉字搬到信纸上，就跟在没有门窗的羊圈里摸黑逮羊一样困难。他需要凭借顽强的毅力，才能把那些奔跑跳跃在无尽黑暗中的汉字一个个捕捉到，再使用一根无形的绳子把它们穿连在一起，费力地赶上坑坑洼洼的道路。

终于写完了，父亲抬起头舒了一口气，望着窗外出了一会儿神，再俯下身子，把信从头至尾默读一遍，在某个地方添加了一句话，又在另外一个地方修改了一个别字，最后庄重落款——“父亲　某年某月某日”。

搁下笔，他在信纸里侧折出一道痕迹，把它们小心翼翼地从笔记簿上裁下，举到胸前，拢起嘴唇吹了吹，然后按照一贯的严谨作风，把它们工整地对折成两折或三折，揣进上衣衣兜，并用手轻轻地压了压。

当天下午或次日早晨，父亲搭乘摩托车或卡车从喧嚣的工地出发，翻越一座座山冈和绵延不绝的山丘、庄稼地，最终到达镇上的邮局，购买信封和邮票，装好信，写下收件地址，郑重地投进邮筒。——收到信时，我仿佛还能触摸到父亲的双手留在信封上的余温，他落在信纸上的目光，还有他火焰般明亮的寂寞。

我自然也会给父亲回信。但很多时候，他都会特地在信末嘱咐，不必回信。因为他所从事的工作流动性强，并没有一个固定的收件地址。“你寄给我了，我也收不到。”父亲说。但不管怎样，几年下来，我攒下了一摞父亲写给我的信。

这是我比哥哥和妹妹幸运的地方。那时妹妹还在镇上的寄宿学校念书，有母亲照拂，而哥哥已经跟随父亲到外省谋生了；当妹妹到县城乃至遥远的平原地区念书时，电话已经成为我们最主要的通信工具。他们都不可能收到父亲的信；即使收到过，肯定也不会比我收到的还要多。

正是因为这一点，我自觉比家人中的任何一位都要理解父亲。我们所熟悉的那位父亲，是一个出了名的直性子和暴脾气，不会花言巧语，更不会虚与委蛇，与人理论，八成会擦枪走火。在母亲面前，他极少表现出作为丈夫的温柔；在我们兄妹面前，他也极少表现出一位父亲应该具备的耐心。

而在信中，父亲真的就跟变了一个人似的。在他朴实无华的措辞中，我不仅充分感受到了他发自肺腑的关心与爱意，还感受到了他作为一位父亲的无奈与悲哀，我甚至还隐约感受到了他为试图敞开心扉与我沟通而做出的巨大努力。

信中的父亲与现实生活中的父亲，恰如地球的南北两极，也如一枚硬币的两面，合起来构成了一个完整的父亲，立体的父亲。这个父亲，有幸被我看见了，读到了，感受到了。而哥哥和妹妹，只看见父亲的一个侧面；母亲或许也是如此。

这大约是天意。因为我将在日后一次次尝试书写父亲。更有意味的是，我识字的启蒙老师，不是别人，正是父亲。在我未满七周岁之前，是他手把手教我读完了一年级语文教材上的课文。下雨天，他躬身二楼的窗前教我朗诵课文的画面，如今仍能在我的脑海里浮现出模糊的轮廓。

我曾把父亲写给我的那一摞信件视为珍稀之物。我把它们放在随身携带的行李箱里。它们跟着我挤公交，搭乘长途巴士，乘坐绿皮火车。我把它们从江汉平原带到珠江三角洲，又从珠江三角洲带到湘江之滨。

正是在湘江之滨，我开始书写父亲。这个熟悉而又陌生的男人。同时也犯下了不可饶恕的错误：某一日，我怀着不可告人的秘密，把父亲写给我的那些信件和其他一些比较私密的信件，悉数销毁。我把它们撕成碎片，扔进了垃圾桶。

二〇一五年春天，我野心勃勃地计划为父亲写一本书，我第一时间就想到那摞信件正是最佳的创作素材，可任我翻箱倒柜，也没有找到父亲写给我的只言片语。冷静下来，我才想起前几年做过的蠢事，后悔莫及。

一年之后，那摞信件的重要性更加突出了。那年夏天，父亲因病永远地离开了我们。如果那些信件还被我完好无损地保存着，那么我们就可以在阅读每一封信的时候感受到一个真实的父亲。否则，我们就只能通过回忆了。

而回忆是多么的不可靠。我当年销毁那些信件时，极有可能在心底给自己列出了一条减轻负罪感的理由：我已记住信件的内容，销毁也无妨。事实如何呢？我已不能回忆起一个完整的句子。

而这，也是我这几年不停书写父亲的原因。我担心随着时间的流逝，我对父亲的记忆会越来越模糊。我要通过书写的方式，让父亲活着，让他逐渐模糊的形象重新变得清晰起来。这既是我理解父亲的方式，也是我怀念父亲的方式。

自从父亲离开我们以后，每天总有那么几个时刻，“父亲”这个字眼和他的身影会在我的脑海里一闪而逝。他的离开，在我的生命里制造了一道永远也无法弥合的伤口。即使我身在地球的另一端。

两年前，我随团去智利访问。在圣地亚哥辛普森街 7 号，智利作家协会为我们安排了一场特别的文学活动。他们邀请我们在小礼堂朗诵自己的一首诗歌或文章节选。轮到我时，我不假思索地朗诵了我写给父亲的一首小诗。

朗诵时，礼堂里安静得就像是父亲曾经带我经过的雨后的马尾松丛林；朗诵完毕，过了好一会儿，掌声才从听众席上爆发出来。

我相信这异国他乡的听众，听懂了一个中国人写给他父亲的诗篇。

2021 年 3 月 15 日定稿于南京

鼠患之年

一

雨下了七天七夜，仍没有停歇的迹象。如果有陌生人恰巧在这个时间来到村子里，你对他谎称，雨已经下了三个月甚至是三年之久，他肯定也会毫不怀疑。整个村子都被雨水浸泡着。屋檐下古老的椽木，不是长出了耳朵，就是抽出了新芽。就连被洪水冲出地表的石头，也显现出某种发酵的征兆。我们全身上下都已发霉，连骨头缝里都爬满了霉斑。我们每天昏昏欲睡，呵欠连天，无精打采，几乎忘记了时间的存在——即使是白昼，天色也晦暗得可怕，而夜晚则像是掉进了深渊——食欲也不好，吃什么东西都没有胃口，好似患上了可怕的厌食症。

一个上午，父亲满脸怒容地站在客厅里一言不发。他褐色的手臂上爬满了青色的蚯蚓，脖子上爬满了蚯蚓，眼神里也爬满了蚯蚓。我们远远地惊恐万状地望着他，谁也不敢吭声。他在跟一个看不见的人生气。也有可能是在跟他自己生气。如果我们在此时招惹他，他一准把那股怒气发泄到我们头上。刚刚，闷气沉沉的房间骤然闪现一道炫目的闪电。那是挂在客厅中央的灯泡“刺”的一声自己亮了起来。没有谁拉动灯绳。正是无数乱石从屋顶滚过，整栋房子都跟着震动摇晃之时，那颗二十五瓦的灯泡在一片骇人的电光石火中炸裂于地，钨丝急遽燃烧后的刺鼻味道，迅速在空气中弥漫开来。我们像几只受惊的小鹿，尖叫着从椅子上跳起来，逃离房间。父亲独自站在原地，消化着突如其来的恐惧。

我们都已受够了这样的日子，再也无法忍受，但又能怎样呢？好似永远也不会停歇的雨水，让村子里所有的道路都消失于未曾散去片刻的迷雾中，邻居们也已多日不见踪影。他们好像都漂移到了别的什么地方，连同他们的房子，看家的狗，打鸣的公鸡。公鸡脑子里祖传的那面时钟肯定已经生锈。

母亲开始诅咒没完没了的雨，诅咒那些肆无忌惮的，跟强盗没有什么两样的狂风。在那些个如同深陷于沼泽地带的日子，我们时常在昏昏欲睡的状态中，猛地被一声来历不明的霹雳惊醒。那个犹如象骨或山体断裂时发出的巨大声响，穿透了厚厚的墙壁和长满层层叠叠青苔的梦境，令人心颤不已。那不是田野里一棵泡桐粗壮的树枝被大风给劈断，就是一棵漆树被整个撂翻在地。给一些人留下噩梦般记忆的七命蜂，早已占卜到这一切。它们把葫芦形的巢穴筑在高不可攀的树顶。但我们不可能把房子建到树上去，更不可能把庄稼种到上面。

母亲惶惶不可终日。我们家的玉米地，迎风，容易积水。她担心正在吐须灌浆的玉米和玉米林里还未来得及挖的土豆。即使在半寐半醒的梦呓中，她依然惦记着它们。她对玉米和土豆的关心，远远超过了她对三个营养不良的孩子的关心。那是她忙碌了一个春天和一个夏天的成果。她不能忍受即将收获的粮食，被坏天气洗劫一空。待雨势稍小，她就急不可耐地和父亲到玉米地里去察看难以估量的灾情。他们各自戴一顶用麦秸编织的旧草帽，身披一张透明薄膜，手握一把刃口雪亮的镰刀，消失在雨雾中。几个小时之后，半身湿透的他们从玉米地里带回我们早已预见的坏消息："玉米大量倒伏，土豆也烂掉了一大半。"他们疲惫的脸上飘过一阵阵愁云。好不容易遇见多日不见的邻居，他们最先谈起的，也是前途未卜的玉米和土豆。他们都在为未来的日子发愁。

总得做一点什么。过了两日，天气刚刚好转，不及雨水完全歇住脚，母亲和父亲就手持镰刀前往雨雾缠绕的森林，砍回一捆捆湿漉漉的山竹和灌木，然后将那些倒伏于地而根须没有完全断裂的玉米小心翼翼地扶起来，为它们拄上拐杖，祈祷奇迹的出现。这是一年之中最后的机会了。但总有一些可怜虫活不了了，只得将它们抱回家扔进畜栏。

连日阴雨，味道苦涩的芭蕉树已被砍光，草料无处可寻，猪和牛都饿坏了肚子，忽见青翠欲滴的玉米梗和玉米叶，眼中泛出道道绿光。

瘟疫般的雨季终于结束。可怕的热浪重新扑来。知了暴雨般层层叠叠的叫声覆盖了村子。玉米地里野草疯长。母亲不得不顶着烈日拔草。已经被雨水泡烂的土豆，就埋在野草之下。黄豆细长的藤蔓缠绕着玉米梗。母亲粗糙如剪的双手得避开它们。挖完土豆，母亲趁热打铁，栽上红薯，一刻也不耽误。没有更多的时间可供耽误。母亲干这些活的时候，我们看不见她。她的身影，被高过头顶的玉米林吞没。直到暮色降临之时，她才从玉米地归来，一身的臭汗味。“先前干活的时候，一条长虫盘在草丛里一动不动。怎么赶也不走。大约是一条懒蛇。”吃晚饭时，她给我们讲述一些可怕的经历。属虎的母亲畏惧冷冰冰的蛇，我们都知道这个秘密。而那个时候，她似乎已经在梦游。她太疲惫了。

八月下旬，村子里的玉米地一片金黄。怀着某种侥幸心理的母亲，与父亲郑重地定下一个天气晴朗的日子，率领我们去掰玉米棒，一副兴师动众的样子。可无论我们如何仔细，我是说，我们时刻像长着四只眼睛和三个鼻子的猎狗一样保持着视觉的锐利和嗅觉的灵敏，不曾放过任何一株可能结着一个或半个乃至三分之一个玉米棒的玉米，最终运回家的玉米棒——虽然它们也在墙角堆成了一座小山——都让人兴奋不起来。注定了这是一个歉收之年。

九月间，村子里出现了几个面黄肌瘦的外乡人。肩上挂着一只底部簌簌作响的帆布口袋，手中拎着系有红绸的铙钹乐器。他们声称来自遥远的平原地区。他们挨家挨户表演空中抛刀的绝技。在人们的阵阵惊呼声中，一位中年妇女如同传说中的魔术师，把三把明晃晃的尖刀在手中来回抛掷，竟没有一次失手。他们一边表演，一边用婉转低回的声腔诉说着他们的不幸遭遇——平原遭了水灾，粮食颗粒无收，不得已远走他乡卖艺行乞。母亲听了摇头叹息，从粮缸里舀出半升玉米，倒入其中一个人的口袋。他的口袋里簌簌作响。

二

三月里的一个黄昏，堂伯母悄悄为我们挑来两筐土豆。

她用两件旧衣裳覆盖着装土豆的筐子。她怕邻居瞧见在背后指指点点。那时，我们家储存土豆的那个房间已经变得空空荡荡，储存红薯的地窖也已变得空空荡荡。地窖入口挂满了白雾般的蛛网。母亲惆怅地说，这都是因为我们家的地太少，而嘴巴又太多了。她说的嘴巴，还包括了狗的嘴巴，猪的嘴巴，牛的嘴巴。后来，还包括了猫的嘴巴。

那些年，我们家的粮食总是不够吃。玉米不够吃，土豆不够吃，红薯也不够吃。只有西红柿和黄瓜吃不完。玉米地里随处可见西红柿碧绿的身影。到了炎热的夏季，拎一只小竹篮钻进湖水般摇曳而又密不透风的玉米地，出来的时候，手中就是满满一篮殷红殷红的野西红柿，嘴角还淌着西红柿鲜红的汁液。种在红薯地里的黄瓜，一直可以吃到秋天。但它们到底只是餐桌上的点心。

某个夜晚，母亲和父亲在餐桌上做出了一个重要决定：花点时间把位于玉米地和森林之间的那三片长满了灌木丛和茅草的山丘开垦出来，种上土豆和红薯；把两块临近菜园、荒凉多年的土地也开垦出来，种上红豆。同时决定在玉米地的背阴地带种上高粱——那年底，母亲为我们烹饪了一顿棕栗色的高粱粑粑，味道相当可口。我们家自这年起，开始了轰轰烈烈的垦荒运动。

村子里的人莫不如此，没有几户人家拥有富余的土地。常年在头顶缠着一条青色头巾的祖母，不仅在苹果树的阴影里种满了魔芋、紫叶苏、辣椒和茄子，而且把马路边狭窄的空地悉数开垦了出来，种上了四季豆、豌豆和扁豆。如果允许，她还想把整条铺满了石子的马路挖掉。根据人们恶意的揣测，她甚至还想把土豆种到云朵上去，种到梦里去。遗憾的是，谁也没有掌握那样的本领。

事情甚至脱离了原有的轨迹。一个上午，祖父在玉米地里劳动时，意外地发现那条古老的地界线向他们家的地里移动了三寸。他大吃一惊。起初，他不敢相信自己的眼睛。待把眼睛擦亮核实了三遍之后，他才确信那不是因为眼花，更不是白日梦，而是地界另外一边的玉米地的主人施行了挪移乾坤的魔法。祖父也会这样的魔法。他强压住内心熊熊燃烧的怒火，默念咒语将那条地界线挪回了原位。

村子里因地界问题引起的纠纷，层出不穷。邻村一个平日里沉默寡言的人喂养的一群雏鸡，没有经过任何允许，私自越过木槿花栅栏，跑到他兄弟家的玉米地里捉虫子吃，两兄弟为此大打出手。他兄弟在斗殴中失去了一只眼睛，而他被警察逮捕，蹲了好几年监狱。类似的事情也差点发生在父亲和他的兄弟身上。

雨季的一个清晨，也有可能是秋天的一个上午，父亲和叔叔为了一棵树的归属权，在众多邻居的围观之下进行搏斗。母亲闻讯从玉米地里赶来。她手里提着一个篮子，篮子里恰好装着两把刃口被磨得雪亮的镰刀。叔叔从母亲手中抢起一把镰刀，向父亲挥去；父亲为了自卫，抄起另外一把……祖父和祖母也从玉米地里赶了回来。他们拉偏架，祖父要棒打父亲，祖母也用最恶毒的语言诅咒父亲。

母亲慌忙跑回家，用一把锁把我们锁在房间里。我们脸色苍白，浑身发抖，牙齿打战，声音被卡在喉管里。我们被一种不祥的预感牢牢缚住。

紧绷的空气，如暴风雨过境，终于松弛下来。那条湿漉漉的小径上，父亲带着一种失败者特有的气息回来了。像一只刚刚在斗鸡场上落败的公鸡。我们站在墙角的阴影里，神色忧戚地望着他。但他并不看向我们，而是用半个身子撞开门。门哐当哐当作响，像是散了架，要倒下来。他冲进光线晦暗的工作间翻箱倒柜。陈年灰尘的味道，机械润滑油的味道，环绕着我们的鼻子。

我们从未见过的一把带柄的尖刀，出现在父亲手里。他怒气冲冲地坐在磨刀石前，霍霍地磨着那把锈迹斑斑的尖刀。刀的刃口，渐渐闪现出一片冷森森的雪。父亲把刀举起来，刀刃对着自己变形的脸。他用右手的食指，试了试雪亮的刀锋，然后又将嘴巴卷起筒状，吹了吹……母亲阻止了父亲即将展开的行动。

中午，我们围坐在餐桌旁，小心翼翼地咀嚼着母亲烹饪的食物，尽量不让嘴巴发出任何声响。父亲忽然停止咀嚼，满怀期待地问我和哥哥，以后会不会给他报仇。我和哥哥被这突如其来的阵势吓蒙了，低头沉默不语。父亲失望地扔掉手中的筷子，脸色铁青而沮丧。他独自舔舐着内心的伤口。

或许正是从这一刻开始，父亲便陷入了某种难以排遣的情绪之中。这种只有抑郁症患者才会滋生的情绪，始终像我们常见的那种藤蔓植物一样，紧紧地缠绕着他，直到多年以后，他半卧在一把躺椅上失去呼吸才得以解脱。

另外一个上午，为了捍卫一丘荒地的归属权和作为男人的尊严，被恶言恶语激怒的父亲，抄起手中的扁担迎向他嚣张跋扈的叔父；几天之后的一个黄昏，当他们在村子里另外一条路上狭路相逢时，毫无防备的父亲被他的叔父偷袭……

世界重归平静。我们家一下子多出了不少土地。但母亲仍觉得不够多。我们都不知道她要拥有多少土地才算满意。事实上也是，那多出来的一点土地，一年也就多收四五筐土豆而已。对于那么多张嘴巴而言，那些土豆只够塞牙缝。

正是此时，村子里的 H 先生同意将他家的玉米地租给我们耕种。H 先生和他的妻子都已年迈得走不动路了。尽管我们家离 H 先生家的玉米地很远，要翻过一座山冈，穿过村委会广场，再沿着乡村公路步行一段时间才能到达，但父亲和母亲毫不犹豫地答应了。他们兴高采烈地在那块地里种上了玉米、土豆和红薯。

我们把 H 先生家的玉米地租种了多少年，我不得而知，但是从此以后，母亲相继租种过村子里好几户人家的玉米地。她对那些肥沃的能分娩玉米和土豆的土地，怀有近乎宗教般的热诚。尤其是玉米抽穗扬粉的那段日子，她恨不得整日整夜地把自己置身于玉米地，直至渐渐饱满起来的玉米棒垂下金色的头颅。

密不透风的玉米林，有一股神秘的力量吸引着母亲和村子里所有的母亲们。我有幸目睹过这样的画面：母亲将粗糙的双手背在身后，长久地站立于两块玉米地中间狭窄的小径上，翕动着爬满雀斑的鼻翼，沉浸于某种不为外人所知的甜蜜幻象里。她的脸上浮现出难以察觉的微笑。

早冬，父亲赶着黄牛犁地之时，我会拎着一只篮子，像影子一样跟在他身后。闪烁着银光的犁铧时不时地从泥土里捎带出夏季没有挖干净的土豆和秋天没有挖干净的红薯。我弯腰把它们拾进篮子。土豆黑色的眼睛里已经生出白色的芽，但水分充足，用指甲剥掉没长皱纹的土豆皮，塞进嘴里，淡淡的甜味在舌尖弥漫。

父亲将所有的地犁完，我已拎不起手中的篮子。

三

我和哥哥睡在二楼的一个房间。同一张紧挨着窗子的床上。我们像父亲和母亲那样，各睡一头，互不打扰。棉被下边铺着厚厚一层睡上去时会沙沙作响的干稻草。干稻草上余留许多空稻壳，偶尔还能找到一两粒完整的稻谷，但剥开稻谷，里面并没有白玉似的大米娃娃。稻谷是瘪的。

母亲用针线缝制的被子，总是扑朔着阳光干喷喷的香味。那是白日里的阳光，还藏在被单的褶皱里和晒得跟云朵一样蓬松的棉花上。躺在床上，我们就可以看见在树梢上跳跃的月亮和钴蓝色画布里像鱼群一样若隐若现的星星。

我们头顶的阁楼上，堆放着无数个已经被剥掉玉米壳的玉米棒。它们毫无规律地躺在一起，就像熟睡的玉米人。有时，我会胡思乱想，那些玉米人是会在梦中生孩子的。灰尘在金色的光束中狂舞。我们能够从它们的细微变化中，感受到玉米沉甸甸的重量。父亲已明言禁止我们在楼板上跑动或者蹦跳。他担心楼板承受不住骤然增大的重力。事实上，那些楼板是他亲手铺上的。他应该相信它们。

但我们不是时时刻刻都会想到玉米。我们甚至非常讨厌玉米。因为我们天天都要吃母亲做的玉米面饭，或玉米面糊糊。尽管村子里在我们家做过客的人，都夸赞过母亲非凡的厨艺，但天天吃，谁也受不了。我们宁愿天天吃土豆，也不愿意偶尔吃一顿玉米面饭。可母亲坚持着她独特的一套理论。她说，不吃一点玉米面饭，干活就没有一丝力气。我们身上的力气，都是玉米面变出来的。

只有在夜晚，尤其是冬日与墙壁一样冰冷而又坚硬的黑漆漆的夜晚，我们才频繁地想到玉米。但这也并非因为我们睡在玉米下边自然而然地想到了玉米，而是在黑暗中将玉米啃噬得咔嚓咔嚓作响的老鼠，让我们想到了玉米。

老鼠可不是一般的多。好像只要黑夜吹响隐秘的口哨，抑或以我们拉灯为信号，它们就迫不及待地从各自的洞穴里悉数溜出。黑夜是它们的乐园。每个晚上，它们啃噬玉米的声音都吵得我们不得安宁。刚刚躺下，那种细碎的密密匝匝的声音就从头顶涌现。偶尔从有老鼠出没的噩梦中惊醒，我都不敢摸自己的耳朵和鼻子。我怕摸不到自己的耳朵和鼻子。就像睡觉前用手指过月亮一样。

黑夜是一个声音放大器，任何细微的声响，都会被它敏锐地捕捉到，并成百上千倍地放大。老鼠们在我们的头顶叮咚叮咚地奔跑——“活像一群响马强盗。”父亲总是会在第二天清晨神色夸张地说——咯吱咯吱地唱着歌，偶尔还会为了某件事情争吵不休，甚至打上一架，发出局促而尖厉的叫声。

因为吃得太饱，每个晚上总会有一只得意忘形的老鼠从滑溜溜的玉米棒上摔倒。那个声音，如同一小袋面粉忽然侧翻在地时发出的声音，沉甸甸的。

我们不时学一声猫叫，企图唤醒老鼠古老的记忆。那遗传自祖先的对猫的恐惧。不知是突如其来的声音惊到了它们，还是那声足以乱真的猫叫在它们小小的头脑中迅速形成了一只猫的形象，它们哗啦一声从黑暗中逃匿得无影无踪。阁楼上腾起一阵声音的烟尘。但不一会儿，它们又会从各个角落汇集到我们头顶。

我们也会在黑暗中大吼一声，或响亮地持续拍手，或扔一件随手可即的东西——一只鞋子，一个也不知什么时候滚落在角落里的土豆——到阁楼上，但收效同样甚微。

它们的胆子越来越大，几至有恃无恐的地步。更令人恐惧的是，它们的队伍越来越庞大。它们在阁楼上留下了密密麻麻的粪便和无数玉米的碎屑。

母亲首先在客厅采取了措施。她把四个墙角的洞口与缝隙全部用泥巴堵死，门缝处也搁一块挡板，严防老鼠出入。客厅的一角存储着雪白的玉米面。但依然有不速之客从密道溜进来。它们在昏暗的灯影里拖着一条铁线似的尾巴，滴溜着两只黑豆般的小眼睛，沿着墙脚无声无息地奔跑，像一团团虚幻的影子。

如果行踪暴露，那将是它们的终结之日。我们会放下手中的一切活计，饭碗，或正在做着的什么事情，手持鞋子或木棍，群起而攻之。光那阵势就吓得老鼠四肢打战。我们一边追赶一边高声恫吓，同时瞅准时机，将手中的武器狠狠地掷向老鼠。房间动荡起来。奋力逃窜的老鼠，最终不是被一根棍子结束了性命，就是被一只鞋子击中脑袋。也有侥幸逃脱的。母亲会诅咒好一阵子。

我似乎还漏掉了一件事情：另外一个房间也晾晒着金灿灿的玉米棒。那是老鼠出没的黄金地带。下午，我们跟随母亲来到这个房间，把厨房用的火钳坐到屁股底下，然后拿起玉米棒，借助火钳的钝口搓下玛瑙般的玉米籽。玉米籽落到簸箕里，咚咚咚的，发出奇怪的声响。像是密集的雨点敲打在梦中的玻璃窗上。

我们意外地发现了一只小老鼠。它偷偷摸摸地，藏在两个玉米棒之间的空隙里，两只玻璃球般的眼珠子，骨碌骨碌地转动着。可能是突如其来的一阵饥饿，让它不惜以身犯险。也可能是来不及逃走，我们就已经来了。母亲眼尖，将握在手中的那个玉米棒，对准了老鼠藏身的位置。玉米棒飞了出去。像一枚手榴弹。

我们听到一声尖厉的惨叫。我停下手中的活计，走过去，畏手畏脚地扒开那堆玉米棒——我担心老鼠还活着，咬我的手指。老鼠已奄奄一息，但还在喘息，灰色的毛茸茸的肚子，有气无力地起伏着。母亲命令我，“把它扔进鸡群”。

父亲从集市上带回一包鼠药。

我见过那个兜售鼠药的老头。来自大河对岸一个专门配制鼠药的家族。他常年戴一顶鼠灰色鸭舌帽，下巴上蓄着一撮鼠灰色胡子，爬满可疑斑点的鼻梁上，架着一副鼠灰色眼镜。背佝偻着。像一只上了年纪的老鼠。他的摊位位于集市一棵古老的灯笼花树下。摊位的一角，摆着高高两堆圆滚滚的老鼠。仿佛只要用手指戳一下它们凉飕飕的肚皮，它们即刻就会翻身而起，骨碌着两只小眼睛逃跑。

肚皮圆滚滚的老鼠，都是购买鼠药的人带来的。十只成年老鼠，可以兑换一包鼠药。据说那个外貌与老鼠无异的老头把老鼠带走后，会从它们粗壮的尾巴里拔出一缕缕银丝，然后托人捎到遥远的省会，可以卖一大笔钱。我们觉得不可思议，捉一只老鼠做实验，果然从它的尾巴上拔出了韧性十足的银丝。但不知其用途，随即扔在了花园里。我们一点也不觉得可惜。

那个老头的鼠药很有力道，放倒一大片老鼠。每天清晨，都会见到父亲从阁楼上拎下来一串老鼠，跟猫崽一般大小。它们灰色的肚子圆滚滚的，装满了来不及消化的玉米，但四肢冰凉，总让人想到它们被摆在集市上示众的样子。

可没过多少日子，父亲就宣告鼠药失效了。因为接连两三个清晨，他都是空着双手从楼梯上走下来。他没有找到一只老鼠。而夜间，老鼠们依然在阁楼上生龙活虎地偷食玉米。我们猜测，不是老鼠在黑暗的洞穴里梦见了解药的配方，就是它们在误食鼠药的同胞身上吸取了教训。它们鬼精得很。

宣布这个消息的第二天，父亲就拎着两串老鼠——像拎着两袋沉甸甸的玉米，到集市上换回了一包新鼠药。据那个身世神秘的老头声称，这是他最新配制的一款鼠药，堪称猛虎之药。他还信誓旦旦地说：如果见不到立竿见影的效果，他不仅把退还给他的鼠药全部吃掉，而且从此不在集市上抛头露面。

投放鼠药的同时，父亲还购回了好几只捕鼠夹。他像一个经验丰富的猎人，在老鼠出没的必经之地布下天罗地网，设下重重陷阱。他在捕鼠夹的机关前放上几颗玉米，作为诱饵，引诱贪心者上钩。晚上，但凡听见刺耳的吱吱咕咕的尖叫声在黑暗中撕开一道道裂缝，我们就知道有倒霉蛋失去了自由。

那些不幸者，会在黑暗中挣扎很长时间，但改变不了什么。它们因为疼痛和绝望而发出的声音，终究会在黎明到来之前渐渐衰弱，直至与体温一道消失。

我们想过如此多的办法，试图将老鼠赶尽杀绝，也一度收到了不错的效果，可鼠患依然严重。它们就像在捕鼠夹上标注了记号一样，会巧妙地绕过这些精心布置的圈套。它们的鼻子，不会轻易被鼠药的气味迷惑。

父亲说，老鼠是世界上最聪明的动物。

四

另外一间阁楼上，总有一些什么神秘的东西，吸引着我们爬上楼梯。但当我们真正爬到黑黝黝的楼梯口，却又有些犹豫。

阁楼上光线暗淡，墙角挂满了大大小小的蜘蛛网。腿脚细长的黑蜘蛛虎视眈眈地盘踞蛛网中心。它们天生一张令人恶心的巫婆脸。如果被它们叮咬一口，心跳会在瞬间快得数不过来。不过也没有什么好担心的，我在窗台上见过一只棕红色的小瓶子，里面装着半瓶棕红色药液。父亲说，被黑蜘蛛咬了，伤口也会长出一只黑蜘蛛，但只要涂抹一点瓶子里的药水，那只蜘蛛很快就会消失不见。

父亲藏了许多宝贝在这里。我们幻想用木头制作一辆自行车，需要两个滑轮；幻想制作一匹可以在轨道上奔跑的木马，缺少几个关键的零部件；幻想制作一对能带着我们飞翔的翅膀……父亲的百宝箱从来不会让我们失望，可我们既没有制作出自行车，也没有制作出木马和翅膀。我们的想法一直在变。

五月的一个上午，我们在阁楼的一角赫然发现了两条长长的缀满易碎鳞片的蛇蜕。根据蛇蜕的长度估计，是两条我们从来没有见过的大蛇。我们立即屏息凝声，倒退着，猫手猫脚地逃离阁楼。我们不敢抬起眼睛四处打量。我们担心冷不丁地在某个墙洞里撞见一双冷森森的眼睛和一条猩红的蛇芯子。

我们及时把这一信息告诉给了父亲，希望他早点采取行动。但他表现得相当坦然。“是家蛇，在房间里捕捉老鼠的。”他几乎是笑着对我们说。也就是这一天，我知道了我们家的阁楼上住着两条蛇。但是谁也没有见过它们，除了它们脱下来的已经风干的衣服。我不知道这是好事，还是坏事。只是从此之后，我就很少独自去阁楼玩耍了。晚上去这间阁楼下的房间，也总是心神不宁。

仲夏的一个午后，大人们顶着烈日在玉米地里忙碌。玉米林里繁衍出大块大块的阴影。炫目而炽热的阳光堆满院子。像是火焰在燃烧。我迷迷糊糊地向父亲和母亲的卧室走去。可能是他们的床吸引着我越来越沉重的身体。也有可能，我是在某种意识的驱使之下，情不自禁地走了进去。

刚刚推开卧室的那扇门，睡意昏沉的我竟隐约瞥见床榻里侧的墙壁上有一根黑色的小木棍在晃动。我以前从未见过，有些好奇。我用手背把眼睛揉亮，凑近床头一看，心里猛地咯噔一下，整个上半身都跟着弹了回来，身体里的疲惫和睡意顿时消失得无影无踪。我跑到烫脚的院子里，哭着嗓子大声呼喊父亲。

我的声音颤抖，充满了无言的恐惧。我看见了一条蛇的尾巴。那条布满了黑色斑纹的尾巴，从墙壁上一道狭长的缝隙里露出来。房间没有粉刷。那条尾巴缓缓地倔强地蜷曲着。像是在痛苦地挣扎。我看见了无形的力。藤蔓植物的力。

父亲从玉米地里匆匆赶了回来。额头上淌着一片闪着光的汗珠。脸颊上也是。他不知道发生了什么事，黑着脸把我训斥了一番。我说不出一句话。词语挤在紧缩的喉咙里，乱成一团。我把父亲引到他们睡觉的卧室。那条布满黑色斑纹的尾巴还在那里蜷曲着。它的存在，证明我没有说谎，而且有理由叫父亲回来。

父亲的脸没有先前那样黑了，但依旧紧绷着，像岩石一样坚硬。我猜不透他的心思。可能是担心打草惊蛇。也有可能是这样的事情不宜声张。他小心翼翼地挪开床，不让床脚发出一丝声响。他把可能产生的声音，摁灭在手心里。

那条布满黑色鳞状斑纹的蛇尾巴，完全暴露在我们面前。一条异常粗大的尾巴。可以想见蛇身令人害怕的尺寸。让人想到蟒蛇。想到龙一样的脸和麒麟的角。想到古老的传说。奇怪的是，它听见了动静，并没有立即逃走。

父亲拿起一根木棍，试探性地碰了碰那条尾巴。它就像被滚烫的开水淋到了要害一样，反应激烈，极力扭动。我又看见了藤蔓植物的力。它要把空气中的所有东西都打碎。它正在努力地往墙洞里缩去。正是这时，父亲果断地伸出他那双铁钳般的大手，抓住了那截滑溜溜的扭动着的尾巴。那截尾巴越来越短。

蛇被卡在了墙洞里。要把它拔出来。否则整条蛇都要腐烂在墙洞里。那样的话，我们就得把整面墙拆掉。父亲终于说话了。

父亲的脸、脖子以及两条手臂，都涨得通红。脖子和手臂上，爬满了青色的蚯蚓。我想他正蹲在地上以使重心下移的两条大腿也爬满了青色的蚯蚓。他试图将那条倒霉透顶的蛇从墙洞里拔出来。可是蛇露在外面的那截尾巴太滑了，而且也不够长，使不上劲。也有可能是它被死死地卡在了缝隙里。

蛇尾在父亲手中像激流中的波纹一样挣扎。它在与父亲的手舍命搏斗。

父亲临时改变了策略。他紧紧抓住那截尾巴，让我帮他解下衬衣纽扣。他用衬衣下摆裹住了那截滑溜溜的尾巴，并把尾巴的末端递进嘴里，用两排牙齿死死咬着。这一招很管用。蛇身终于被拔出来一点。但它往墙洞里边挣扎得更厉害了。黑暗才是它的归宿。我和父亲都听见了噗噗的摩擦声，在墙洞里旋转。

父亲需要一个帮手。可房间里除了我，再无他人。他吩咐我用双手抓住那截滑溜溜的尾巴。他好找来锤子和钢钻，撬开构成墙洞的石块。我的心怦怦跳动。就像被黑蜘蛛咬过一样。我怀着恐惧走近那条尾巴。我迟疑地伸出颤抖的右手，却始终不敢触摸那些诡异的斑纹。忽然，一股浓烈的鱼腥味，攀着一根无形的绳索，钻进了我的鼻孔。午餐在我的胃里翻滚。

父亲的眼里缓缓升起怒火。那些尚未成形的火焰，迫使我战胜对未知事物的恐惧。我再次迟疑地伸出右手。我的中指肚触到一道冰凉的闪电。我差点失声叫了出来。那股令人不寒而栗的凉意，瞬间传遍身体的每个角落，每根神经。我迅速抽回受惊的右手。实际上，是右手在那个瞬间自己缩了回来。

父亲生气了，像一头狮子那样对我怒目而视。我几乎是闭上眼睛，屏住呼吸，在一阵陌生的战栗和慌乱中，抓住了那截光滑、潮湿而又冰凉的尾巴。就像是抓住了一个噩梦的尾巴。一个魔鬼的尾巴。来自黑暗洞穴中的力，来自藤蔓植物的力，来自河流的力，来自神灵的力，通过我冰凉的双手，噩梦般缠绕着我。

我的心跳越来越快，快得都快数不过来了，就像是被无数只黑蜘蛛咬过一样。我爬满腥味的双手上，已长出了一只只巨大的黑蜘蛛。它们都有一张巫婆般丑陋的脸。它们沿着手臂向我爬来。它们纤细的长脚抓得我皮肤发痒。

父亲敲掉了墙洞外围的石块，再次抓住了光滑斑斓的蛇身。

这条神秘的大蛇，终于在一阵持续的噗噗声中，从父亲的手中，从我的手中，露出真容。但还有一部分被牢牢地卡在黑黝黝的墙洞里。是闻讯而来的叔叔帮忙撬开了墙壁上最关键的两块石头，它才被完整地救出。它的长度超过了我们所有人的想象。它滑溜溜的带着闪电的皮肤，被墙洞中尖锐的石块刮伤。

这条神秘的大蛇已奄奄一息，但那股无形的力，许多年后还在我的手中挣扎。它的食道，鼓鼓囊囊的，好像有什么东西在里面移动。父亲说，那是一只老鼠。话音刚落，立即就有老鼠吱吱叫唤的声音，从看不见的幽暗角落隐约传来。

它是为了追捕那只老鼠，才让自己身陷险境。

父亲将这条大蛇倒拎着，扔到了指甲花开得正紧的花园里。最终，它是回到了万物葳蕤的田野，还是没有从这个意外事件中挺过来，我早已忘记结局。

一个夏日的雨夜，母亲早早地睡下了，父亲和哥哥在外省，妹妹离开客厅前往卧室时，忽然失声尖叫起来。巨大的恐惧爬上了她即将哭起来的脸庞和瞳孔放大的眼睛。我以为她看见了鬼，或者忽然间精神崩溃。像那个夏日午后的父亲不分青红皂白地训斥我一样，我也对她进行了一番训斥。她的尖叫声吓到了我。

我犹豫着来到客厅门口，把目光投向湿漉漉的雨夜，什么也没有看见。我催促妹妹去睡觉。可她站在原地，一动也不动，仍然保持着刚才的表情，恐惧还没有离开她的脸庞和眼睛。我这才耐心地问她看见了什么。但她只是一味地摇头。

我在那面潮湿的墙上漫无目的地检视起来，没有任何异象。可就在我准备把目光从墙壁挪回妹妹脸上时，我就像撞见了鬼一样，整个人都差点从地面弹起来。

那个爬满阴影的墙洞里，一双冷森森的眼睛，正像仇人一样盯着我；一条猩红的蛇芯子，像一朵邪恶的火焰，在灯光的反射弧里闪烁。

五

三月的时候，父亲身上长满了隐形的羽毛，还有一对巨大的翅膀。他要出远门了。一个十分遥远的地方。临行前的那几天，他把楼上楼下检查了一个遍。他给空洞的窗子钉上木条；给空洞的门，钉上木条；给二楼阳台空洞的两端，钉上木条。他想把房间外部所有空洞的地方，都钉上木条。

家里的煤烧完了。母亲联系了村子里的一位马夫。马夫和他的儿子，在暮春的一个上午，各自赶着一匹黑黝黝的马，从另外一个村子为我们驮来作为生活必需品的煤。下午，他们和他们的马，再次出现在我们家的院子里。一匹马吃去年的玉米壳的时候，忽然停下来，卷起尾巴，拉下一摞冒着热气的马粪。另外一匹马，打了两个漂亮的响鼻。母亲拿不出现钱，把账赊着。

父亲也认识这位马夫。正是他嘱咐母亲这么做的。他在一封字迹工整的信中对母亲说，家里没有煤了，就去找马夫。账先赊着。等我寄回来了，再还给他。以前，马夫给我们家驮过煤。父亲和他相谈甚欢。他认为马夫是一个信得过的人。

马夫跟他那匹马肚子上发光的皮肤一样黑，甚至还要黑一点。整张脸，从额头到下巴，都像是被太阳烤焦了。他戴一顶破旧的皮帽子。可能是由于常年赶马，他走路的时候，两只脚上各自镶了一只马蹄。嘚嘚的马蹄声从他的脚下响起。

马夫给我们讲述过他们家的故事。一年秋天，他们家和邻居家发生纠纷，双方动起了拳脚。邻居家人多势众，他们家吃了亏。他那如同小马驹一样冲动的儿子，冲进屋子，拖出一支火枪，上了膛，砰——一颗子弹向邻居射去。邻居的一只耳朵瞬间不知去向。警察来了。带走了他的妻子。他的儿子还没满十八周岁。

马夫离开后，父亲还在为他们家的不幸遭遇惆怅。他叹息着对母亲说："他的身边要是有个二把手，家里不知道过得有多殷实。一张俏皮嘴巴，能把死的说成活的。个狗日的。”我记得马夫在讲述故事时说：“快了，还有两年就出来了。”

夏季的一个雨天，马夫来讨账。母亲正在厨房忙碌。马夫歪着脖子围着母亲说了一堆话。我在院子里瞧见马夫把手臂搭在母亲的肩上，母亲手里拿着锅铲，挣脱了。母亲对马夫说：“你不是叫他哥吗？”马夫盯着母亲说：“是的，没错呀。”他又准备把手搭到母亲的肩上。母亲像一条光滑的鱼，滑向了另外一个角落，对他说：“既然你叫他哥，你还这样？”马夫一愣，脸上更黑了，悻悻然离去。

另外一个雨天，母亲蹲在房间里挑选土豆。她根据个头的大小，把土豆分装进不同的篮子。那时，我们家的房间里堆满了土豆。那时，正值土豆收获的季节。马夫冒雨来了。他浑身湿漉漉的，散发着马身上的气味。刺鼻的气味。正是在那个堆满土豆的房间，马夫嬉皮笑脸地企图对母亲动手动脚，被母亲严词拒绝了。

我站在马夫身后，拳头捏得咯吱咯吱作响，喉咙冒烟，嘴唇打战。我紧张得说不出一句话来。我的脑海里，始终闪烁着同一个画面：他的儿子从屋子里拖出一支火枪，砰——他邻居的一只耳朵不知去向。可惜我们家里没有火枪。

八月，玉米成熟了。玉米总是在八月成熟。祖母吩咐叔叔帮我们掰玉米棒。母亲负责在地里把玉米棒掰下来并装进筐子，叔叔则负责把玉米棒运回家里。

天气燥热，年轻的叔叔只穿一条白色背心。肩上披着一条蓝白条纹的毛巾。他回家歇脚的间隙，我看见他的双臂上长出了两只圆滚滚的小猪。两只爬满了青色蚯蚓的小猪。叔叔的额头爬满了汗珠。他的目光，落在一个虚无缥缈的地方。他已经二十多岁了，但还没有说媳妇。也请媒婆说过媒，但都没有下文。

母亲做好了晚饭。祖母也在我们家。饭毕，大家围着飞利浦牌黑白电视机。与村子里其他人家一样，我们也把电视机当成宝贝，藏在父亲和母亲的卧室。母亲忙碌了一整天，浑身的骨头散了架，早早地睡下了。她当着我们的面，爬上床，钻进被窝，再褪下裤子。我们依然看电视。电视里正播放着一部功夫片。

窗外响起树叶发出的簌簌之声。晚风阵阵吹来。我们都打起了长长的呵欠。祖母吃不消，要回家睡觉了。她催促叔叔也早点回去。叔叔坐在椅子上打瞌睡。脑袋像一只结在藤蔓上的葫芦瓜，一下接一下地往地面坠落。他坐在那里，既拉不动，也推不动。他的脚长在了地上，屁股长在了椅子上。祖母只好留下来，继续看电视。不一会儿，她也打起了瞌睡，并发出老猫一般混浊的呼噜声。

电视机的屏幕变成了一片吱吱作响的雪花。雪花中间，闪烁着一个黑白相间的球形图案。叔叔终于起身离开房间，眼睛红通通的，像个醉鬼。祖母跟在叔叔身后，像他臃肿的影子，缓缓移动。即使是夏天，她也穿着两件襻扣衣裳。

祖母和叔叔，迈着梦游症患者的步伐，飘浮在小径之上，消失在月光里。那夜的月光跟太阳一样亮。村子被月光照得发白。村子里没有秘密。

母亲把玉米棒晾晒在我们曾经杀死过一只老鼠的那个房间。这个房间没有门，空洞洞的。父亲没有时间做门，也没有时间钉上木条。为了玉米不被强盗偷走，也为了耳朵听得更远，譬如说猪圈和牛圈的动静，母亲把床搬到了这里。一条被子垫在玉米棒上。玉米棒和骨头一样坚硬。

母亲在玉米棒上睡了很多年。

十二月的一个黄昏，父亲回来了，可屁股还没有坐热，就被母亲轰了出去。母亲坐在炉火边，把这一天刚满三十六岁的脸埋在手心里，低声抽泣。父亲的口袋瘪瘪的，没有带回我们的学费。

深夜，父亲再次回来了。他坐在炉火边，沉默地抽烟。他的口袋里，装着我们的学费。

父亲身上的羽毛不见了，那对巨大的翅膀也不见了。

父亲变回了原来的父亲。

六

父亲在梦里养了一只小猫。一只相当机灵的小猫。它浅黄的毛皮上缀满老虎的条形斑纹，脑袋棕黄，四只脚纯白。虽然才五个月大，但它的嘴唇两边已经长出八根银色的胡须。父亲已经教会了它奔跑和爬树的本领。它第一次爬到高高的树杈上时，恐高症发作，颤巍巍地立在那里求救。父亲还通过意念把老鼠的形象和声音植入了它毛茸茸的脑袋。只要一听见虚拟的老鼠的叫唤声，它就会条件反射般地进入战备状态。经过半个月的训练，它成功地捕住了第一只老鼠。

父亲十分疼爱这只小猫，准备寻找一个恰当的时机把它带到现实生活中来。他已向一个极有可能认识的长者请教过将一只动物带离梦境的方法。可是有一天，为了追捕一只老鼠，这只小猫从他的梦中失踪了。他失魂落魄地寻找了许多日，也没有结果。他事后分析，是小猫在梦境错综复杂的迷宫中迷失了方向——尽管它有着异常灵敏的嗅觉，但再也找不着回到主人身边的那条小径。那天，父亲因小猫失踪而从梦中惊醒，迷宫也就随之坍塌了。它被困在了另外一个空间。

正当父亲计划再在梦中养一只一模一样的小猫时，他在他的一位远房表弟家遇见了失踪的那只。父亲一眼就认出了从墙角一闪而逝的它。但或许是穿越了梦境，它已不认识昔日的主人。它遗忘了梦中的事情。父亲的表弟答应将那只小猫送给他。晚餐后，父亲猫手猫脚地向它靠近，试图一把抓住它的后颈，可不及父亲靠近，它就从一扇洞开的窗子里一跃而出，像梦中那样消失得无影无踪。

两个月之后，一个落着春雪的日子，父亲的远房表弟将那只小猫成功诱捕。“这只猫性子野，喜欢打鸡群的主意，而且不捉老鼠，像只野猫。”表叔将它送到我们家时非常抱歉地说。我们用一根长长的绳子拴着它的脖子。它认生，藏在餐桌底下。只要听见我们的脚步声，它就向光线更暗的地方躲去。实在无处可藏，它便弓起后背，周身毛发直竖，嘴里呜呜直叫，向我们发出严重警告，时刻准备着扑过来，或是给我们吐上一口唾液。它像老虎一样令人害怕。

在这只猫到来之前，我们还养过好几只猫。一只猫的肚子被伯母家的狗咬破，冒着热气的肠子落了一地。村子里的兽医为它缝上伤口，还为它注射了两剂消炎药，但它没能再站起来。一只猫忽然在清晨挂满鼻涕，不再呼吸。父亲用干稻草把它包起来，放到一棵漆树的树杈里。那棵漆树长在一块墓地里。一只给我们带来无数欢乐的小猫，不是被一盆小鱼撑破了肚子，就是误食了鼠药。还有一只伯母送给我们的老猫，成天打呼噜，即使老鼠咬掉了它的鼻子，它也无动于衷。

这只猫并非如表叔描述的那样顽劣。时间唤醒了它的记忆，它很快就把自己当成了我们这个家庭里的重要成员。它不是很喜欢让人抱。它喜欢独自坐在一把椅子上，像夏天的叔叔一样，把目光望向一个虚无缥缈的地方。母亲时常努着嘴巴对我们说，你看，它一个人坐在那里。有时一天也见不到它的影子，只听得到楼上传来猫脚噌噌跑动的声音和老鼠吱吱嘎嘎的叫唤。它在履行自己的职责。

母亲叮嘱我们，不要偷看猫吃老鼠，否则猫的牙齿会酸。可我们还是偷看了好多次。猫是天底下玩心最大的动物。逮着了老鼠，并不急于吃掉，而是要逗上好一阵子。老鼠装死，猫把它放到地上，蹲坐一旁，心不在焉地望着花园里的一朵喇叭花。喇叭花紫色的边缘歇着一只蝴蝶。老鼠以为机会来了，骨碌一下爬起来，匍匐着小跑，却又落到了猫锋利的爪子下。如此反复，老鼠彻底放弃了逃跑。

猫发现有人躲在门后偷看。两只耳朵是它的眼睛。全身每一根可以在瞬间竖立起来的毛发，也是它的眼睛。估计是担心古老的预言变成现实，它便叼着老鼠鬼鬼祟祟地跑到一块无人之地，继续玩弄那与生俱来的天敌。直到肚子发出咕噜咕噜的响声，它才下定决心，结束这场无聊的游戏。

猫来到我们家的那年冬天，父亲从乌鲁木齐回来了。他多出了两只脚。他是拄着一对拐杖回来的。春天的时候，他从二楼的外墙上像一袋水泥重重地坠落于地。脚手架发生了断裂。他的右脚脚踝，被摔成粉碎性骨折。三根脚指头，失去了知觉。他在医院昏睡了三天三夜，才睁开疲惫的眼睛。他发皱的皮肤下，埋着几颗钢钉。雨天到来之前，那几颗钢钉会在他的骨头里旋转。他疼得直不起腰。

我们家陷入了前所未有的困境，就像陷入了长满水草的沼泽地带。所有人的脸，都像雨天一样忧郁。只有那只猫像往日那样活泼好动。它已经无师自通地掌握了捕捉松鼠和麻雀的本领，甚至连小蛇也成为它独自享用的美餐。天气晴朗的日子，它会在院子里给我们表演“玩狮子”的节目。父亲的脸上浮起笑容。牙齿露了出来。我们的脸上也浮起笑容。牙齿露了出来。我们笑得合不拢嘴。

母亲租种了更多的玉米地，养了更多的猪。猪可以兑换成钞票。潮湿的猪圈成为我们家的银行。为了喂饱猪巨大的拖在地板上的肚子，过一会儿就会哼哼直叫的肚子，母亲成为村子里最忙碌的农妇。她恨不能生出三头六臂，也恨不能一天二十四小时都是白昼。玉米地里的活永远也干不完，猪的肚子永远也喂不饱。

母亲总是踏着暮色归来。而我们都已离开村子。哥哥在外省，我在县城，妹妹在镇上。我们和那只猫一起长大，却只有猫留在家里。父亲每天坐在空荡荡的房间里和猫交谈。猫有时会钻进他的怀里，接受他双手粗糙的抚摩。他的右腿，绑在笨重的石膏里。他像机器人一样笨拙。他在房间里移动的时候，不得不拄着拐杖，地面笃笃笃地发出沉重的响声。像是有人在下面用棍子捅着天花板。

父亲奇迹般地站立了起来。只是他的右脚，被医生固定成了一个直角，既不能弯曲，也不能旋转。行走的时候，他的背影有点滑稽，像是一只跛脚的螃蟹。他不能再像以前那样大步流星地走路。以前的那个父亲，偶尔在我们的记忆里闪现。他把那对日后还将派上用场的拐杖，藏到了那间出现过蛇蜕的阁楼上。噩梦重现之后，母亲说，那对拐杖是可怕的预言，当年扔掉就好了。

父亲的身上又长出了隐形的羽毛，还有一对隐形的翅膀。只不过，它们不再像几年之前那样充满光泽和活力，而是灰突突的，病恹恹的，像淋过一场细雨。父亲六十岁那年，它们完全消失了，再也没有出现过。

父亲六十一岁那年春天，母亲在电话里给我报信："那只猫走了。可惜了……这十几年来，我们家里连老鼠儿都见不到一只。我从来没见过这么避鼠的猫……"母亲的话还没有说完，就有一种不祥的预感在我的脑海里像烟雾一样盘旋。我莫名其妙地联想到了父亲。但我没有对任何一个人透露。

我的预感得到了证实：一年后，父亲离开了我们。而这时，我们家的土豆已经多得吃不完。母亲每年都要卖掉许多土豆。五毛钱一斤。"太廉价了。"我们对母亲说。我们在更遥远的地方对母亲说。

现在，母亲独自生活在村子里。村子空了。我们家的花园和父亲的墓地，在春夏两季，都会开满姹紫嫣红的格桑花。父亲从新疆玛纳斯带回的种子。照料花园的母亲，被孤独的群山包围。皱纹在一夜之间爬上她的脸庞。即使常年使用染发剂，也难以掩饰两鬓最新钻出来的点点白发。

没有多少人种地了。村子里整块整块的玉米地被撂荒，长满了灌木和野草。我们叮嘱母亲也少种点玉米和土豆，可她不仅把我们家的地种满了，还租种着堂伯母家的一块玉米地。“只有忙碌起来，才不会沉浸在往事里。”她说。

母亲还养了一只猫，三条狗，一群鸡，数头猪。

我们管她叫动物园园长。

九月永存

一

他像是一块沉默的石头坐在那里。像一尊雕像坐在那里。更像是一团影子坐在那里。只需刮来一阵风，他就会消失不见。

我不知道为什么会获得这种错觉。就像我不知道他坐在那里都在想些什么一样。他时常深陷于胡思乱想的泥淖。

他保守着独属于自己的秘密。

我们约定七点起床的。因为在九点赶到医院就好了。可他还是起了个大早。

他徘徊在我房间的门口，也不敲门，而是轻轻地唤我的名字。“早点起床。怕堵车……我到楼下去了。”见我应声，他贴着房门犹犹豫豫地说道。一阵熟悉的脚步声在狭窄的楼梯间响起来——声音越来越小，直至消失。

我打着长长的呵欠起床，像梦游症患者那样，在旅馆的房间里游荡，根据模糊的记忆潦草洗漱。刚下楼，便看见他孤零零地坐在草坪边的花台上。

他穿着一件灰白相间格子领的藏青色 T 恤衫，一条深灰色西装长裤，一双六成新的系带皮鞋。右手握着一把印有一首古诗词的纸扇，左手腕戴着一条蓝色手腕带。他把 T 恤衫下摆扎在皮带里。

那个被他套在皮带上的麻灰色手机套，十分扎眼。

听到我的脚步声，他用左手撑着花台十分吃力地站起来，像在老家那样习惯性地眯缝着眼打量天空——乌云密布，拧得出水来——又动了动嘴唇，嗫嚅了两下，终于自言自语般地对我说：“昨晚又是一宿没合眼。”

说话时，他那双忧虑重重的眼睛并没有看着我。而是望着一个不确定的地方。一个虚无的地方。他的眼前飘着一团雾。可他分明是在跟我说话。

我不安地瞅了一眼他那张被岁月刻满了深浅不一刻度的脸，更加不安了。两只浮肿的眼袋，无精打采地垂挂在双颊上；左眼皮乌青乌青的，像是被人狠狠地揍了一拳。

好在，他把下巴和嘴唇上方的胡须收拾得干干净净的。整张脸也就显得干干净净的。整个人也是。如果忽略一些细节，乍一看上去，他还挺精神的。

只不过，我总觉得有些异样，却又说不出那异样来自何处。从这一天开始，那种说不出的异样就一直尾随着他，在他身上时隐时现。

我们从小区出发，步行到一个十字路口，再横穿马路赶到公共汽车站台时，已经七点二十了。那时正值上班高峰期。每一个站台都挤满了身着正装、翘首以盼的上班族。每条马路上都塞满了像甲壳虫一样不停地蠕动、嗡嗡鸣叫的车辆。

他并没有如我希望的那样，与我待在一起，而是像个梦游症患者一样，在人群的缝隙里不停地踱来踱去。那副样子，就像是他那双旧皮鞋带着他走似的，而不是他自己主动在走动，但更像是为了与我保持某种距离。我怀疑他是故意的。因为我向他靠近一些，他马上就远离我几步。

当我意识到这一点，我索性就站定在一个地方，只用余光盯着他。

我怕他走丢了。

他也会停止走动，背着手，侧着身子，微张着每一颗牙齿都还没有擅自离岗的嘴巴，把略微秃顶的头抬得高高的，越过无数只肩膀和无数颗脑袋，试图在无数辆像蜗牛一样向站台缓缓驶来的公共汽车中，辨认出我们要乘坐的那一辆。

而更多的时候，他像是在寻找着什么，辨认着什么。

或许是多年前丢失的一头羊。或许是一个熟人的背影。

事实上，他是在偷偷打量周围的人群。打量他们时尚的穿着，夸张的发型以及他们上下车时所流露出来的种种神态。

七点五十，我们等候多时的那辆车终于出现在了长长的车队中。我踮起脚尖，隔着骚动不安的人群大声喊了一声——“爸爸”，并给应声转过头来的他比画了一个手势——我在人群中高高地举起手，指了指那辆尚未停下来的车。

父亲看见了，原地停顿了一下，紧接着就像一头受到惊吓的老鹿那般慌忙地行动起来，却朝着相反的方向小跑而去；或许是意识到不对劲，又急忙折回，迈着蹒跚的步子，奔到已经打开的拥满了乘客的车门口，高昂着脑袋，挥动手臂，奋力地朝车厢内挤去。

那副滑稽样子，就像一个溺水之人，为了抓到一把救命稻草，而用手臂胡乱地搅动着混浊的水面。完全不见了平日里拼命维持的体面。可是他并没有抓到那把稻草——此时此刻，他想抓住的那把稻草，就是一个空座。

然而他并没有放弃。他一边遵照司机的“指示”往车厢尾部挤去，一边不停地打量是否还有漏网之鱼。左顾右盼了半晌，他才惶然不安地站定在车厢中部与尾部的接合处，左手攀住车厢壁上的扶栏，右手牢牢地抓住头顶的扶手，努力维持着身体的平衡。

我挤到他身旁，担忧地望了他一眼——我怕他坚持不住。他或许是觉察到了，把脸侧了过来，可我们的目光刚刚触碰到一块儿，他就急忙把那两道闪烁不定的目光移开了，移到了车窗外黑压压的车流中，移到了灰头灰脸的马路上。

我想请求坐在我们面前的乘客给父亲让个座，可那几个标志着“老弱病残孕”的座位在这一天确实是物尽其用——坐着几位白发苍苍的老人。我实在张不开口。父亲看起来比他们年轻多了。他的两鬓还没有染上霜雪。我也不可能告诉他们，我的父亲是一位准癌症患者。

我们就这样站立在拥挤不堪的车厢中，像两个偶然遭遇的陌生人一样不曾说过一句话。

这个时间点上的武汉堵得厉害。半个小时过去，我们乘坐的公共汽车才走出两站路。真是急杀人。谁也不知道什么时候才能抵达目的地。

马路上扬起的尘灰，空气中飘浮的粉尘，汽车排出的黑色尾气，趁机一股脑儿地灌进车厢，憋得人难受至极。

父亲已在不知不觉间把整个背部倚在了黄色护栏上，

那张被修刮得干干净净的脸，不时扭结到一起。因为长时间站立，他的身体已经出现了某些不适反应。但我依然无能为力——与其说是无能为力，不如说是托词。

如果我鼓起勇气到尾部车厢请求那些年轻乘客，应该会有人让座的。但我们的脸皮天生跟母亲的一样薄，在外人面前难开尊口，即使是在举步维艰的时刻。——我们从小受到的家庭教育，就是万事靠自己，勿轻易求助于人。

还好，车驶上长江大桥后，车速明显快了起来，宽阔的桥面上不像先前那样堵了。九月浩荡的江风恰逢其时地穿过几扇打开的车窗吹拂进来。空气立马变得新鲜了。

父亲挪了挪脚，换了一个站姿，把头扭向江面，透过车窗好奇地打量薄雾笼罩之下的江水，几艘只剩下一个模糊轮廓的运沙船，以及矗立在岸边梦幻般的城市。

到了汉口界，父亲终于捞着一个座位，但他没有急于坐下，而是把僵硬的大腿好好地揉捏了一番，才徐徐地沉沉地坐到了座位上。

“我们应该早一点出发的，九点钟赶不到医院了。”父亲从腰间掏出手机，瞄了一眼时间，对我说道。

或许是出于自责吧，我保持缄默。

父亲喉结蠕动，还想说点什么，但见我没有回应，便收回话头，重新把头扭向窗外，睁大眼睛，打量着那个陌生世界。

二

同济医院站到了——报站的广播甫一响起，父亲就蠢蠢欲动了。

他一边小心翼翼地把臀部往座位外沿挪动，一边伸长红黑色脖子，目光越过大半个车厢和几位仍然站立着的乘客，欲言又止地望着我。他在我的眼里努力地确认着什么，神色略有几分焦灼，直至我用眼神回应了他的询问：是的，我们就要下车了！他这才收回脖子，做好了下车的准备。

可车还没停稳，他就慌忙离开座位，尾随年轻乘客朝车门跑去。车门“噗”的一声打开，他一脚踩虚，趔趄了两下，差点摔倒。还好他及时张开了笨拙而僵硬的双臂。那一对沉重的翅膀，让他的身体重新获得了平衡。

我怀着十分复杂的心情，回头望了望那辆公共汽车，它却和偶尔才会被我们在生活中明确感知到的命运一样，瞬间就被淹没在宽阔而喧嚣的解放大道上。

通往医院大门的人行道上，攒动着密密麻麻的人头。不少身着病号服、戴着手腕带的人穿插其间，面无表情地行走着，如同一尊尊木偶。一眼便知，他们是同济医院的病人。蓝白条纹相间的病号服上，医院的名字十分耀眼。

几位小贩蹲在马路一侧兜售着廉价衣裳和生活必需品。两三位算命先生坐在法国梧桐的树荫里，眼睛深藏在黑色的镜片之后，面前支着个油光可鉴的小板凳。一个靠手走路的长发乞丐，光着黑黝黝的上半身趴在一块装有滑轮的木板上正艰难地向前滑行。他用下巴往前推着的一个盒子里，躺着几张零钞……

马路边还站着几个必不可少的招揽住宿生意的掮客。多是中年妇女。她们站在那里不动声色地在人群里物色着猎物，一旦发现目标，就会蹿上前与之搭讪，问你需不需要住宿。她们开出的价格相当低廉，最便宜的才三十块一晚。

父亲动心了。在接下来的几天里，他多次与我商量：把旅馆的房间退了，到医院附近住。他还负气地对我和妹妹说："我说这边有更便宜的吧。你们就是不信。"但还是被我否定了——"嘿，那么便宜，您敢住啊。"

这天上午，父亲要做一项腹部彩超检查。

把父亲送入候诊厅后，我按照妹妹的吩咐，去位于七楼的胸部肿瘤科找一位姓魏的年轻女医生——父亲的主治医生。向她索要接下来几个检查项目的预约单。

我以前没少进医院。在长沙工作时，甚至还去湘雅医院看望过一个身患淋巴瘤的同事，去另外一家医院探望过一位患了白血病的朋友，但还是被眼前所见惊得目瞪口呆——铺着白色被褥的病床，一张接一张，摆满了整条走廊。

身穿蓝白条纹相间的病号服的病人，就在众目睽睽之下或蜷或躺或坐在属于自己的床位上，几乎把身体所有的秘密，都暴露在灯光底下。他们表情木然，形容枯槁，行动迟缓，生命的光彩已被损耗殆尽。

最令人触目惊心，也最令人不适的是，他们黄中带黑的额头上，瘦削的脸颊上，皱缩成一团的耳朵上，青筋暴突的手背上，无不布满了星星般密集的褐色斑块——就连他们的牙齿、舌头和眼球，仿佛也布满了星星般密集的褐色斑块——他们行将就木的样子，很容易叫人联想起那些因为变质而生满霉斑的水果。

而空气中确实飘荡着一股腐肉般的气息——我虽不能确定这股令人不适的气息就来自病人虚弱的身体，但在一些人呆滞的眼神里，我窥见了死神出入病区时留下的阴影——我不得不加快脚步，想早点逃离。

正因为如此，我在行走时尽可能地憋着气。我害怕吸进他们呼出的那一团团飘浮在空气里的腐朽之气；我小心地避让着他们投射过来的枯井般的目光，仿佛只要我们的目光在空中有所交集，我就会被感染上他们身体里的疾病。

幸亏还有白衣天使飞翔其间。

那些推着小推车的白衣天使，就像工作于战争年代的战地医院那样，飞快地辗转于各个病房——我怀疑她们的脚下踩着一个风火轮。我从来没有见过如此忙碌的护士。几乎连喘一口气的时间都没有。

我在医生办公室里，见到了父亲的主治医生魏瑶。

我敲门进去的时候，她正在接待其他的病人家属。他们谈论了很长时间，魏医生一会儿拎起一张张看得见白色骨骼的片子对着窗口的方向瞄上几眼，一会儿打开电脑浏览数据，然后向病人家属分析病人的病情。

魏瑶医生很年轻，三十岁上下年纪，戴副眼镜，瓜子脸，白白净净，清清爽爽的，看上去很知性，也很美，只是面容严肃，很少露出笑容。

这个上午，我们并没有探讨父亲的病情，因为检查才刚刚开始，一切都还无从谈起。她告诉我，父亲接下来还有好几项检查要做，但都排到下周二以后了。

“为什么要等那么久？”

“我已经尽力了，排队的人太多了。”

三

我和妹妹虽然都对父亲最终的诊断结果怀抱一丝——不，是呈现出压倒式倾向的侥幸心理，但是我们又在无意之中已经在为那个最坏的最可怕的结果做着某种毫无意义的准备，以此减少父亲在某些方面的遗憾。

我们没有经过任何商量，却几乎是不约而同地想到了，趁着等待检查的空当，趁着父亲的身体还不是特别糟糕，陪他把武汉的景点都逛一逛。我们的这个计划，没有拖延，而是自妹妹带父亲去黄鹤楼游玩的那个下午就宣告启动了。

这一日，我们从医院出来，还不到十一点。我们在一家快餐店吃了午餐后，便为接下来的行程发愁。护士叮嘱父亲下午三点钟去一趟护士站。倘若此时搭车过江回旅馆休息然后再坐车到医院，未免过于仓促。但如果像木偶一样坐在医院的长椅上等待下午三点的到来，那将又是十分漫长的等待。

我在手机上搜索附近的景点，发现动物园不算太远，便问父亲以前去过动物园没有。他摇了摇头，闪动的神色中流露出些许向往。我们决定去动物园。

刚钻进出租车，父亲就在后座上小心翼翼地问我，难道没有公共汽车去动物园吗？

穿过动物园长长的湖上长廊和曲径通幽的盆景园，爬上一道斜坡，再穿过一片稀稀疏疏的树林，根据指示牌的指引，我们终于看见了动物。

那是一头大象。

刚刚因为长时间步行而变得气喘吁吁的父亲，这时早已停下脚步，伸长脖子，隔着一道铁丝网，好奇地打量着那头庞然大物。

“身体比房子还要高，耳朵比桌面还要大——”观察了一番，他夸张地说。

“你看，那里还有一头！”他用下巴朝一间象房努了努，欣喜地说。

“又有一头出来了！”他惊呼道。

目睹这一幕，我被一个突如其来的想法裹挟，并在这个想法的驱使下对父亲说，我给您和大象合一张影吧。他十分默契地配合了。

身穿藏青色T恤衫，深灰色西装长裤的父亲，迎面对着我的手机镜头，摆出了母亲手把手教给他的那个在拍照时惯常使用的标志性pose——右手叉腰，左手自然下垂，绽出一脸灿烂笑容。背景是一面攀爬着紫红色藤蔓植物的铁丝网，一头正在户外散步的青褐色小象。

公元二〇一五年九月十一日的父亲，就这样被定格在了我的相册里。

我一直觉得这张照片拍摄得挺好的，父亲在镜头里表现得十分自然。虽然天气不是很好，一副阴雨将至的样子，但他脸上的笑容弥补了一切。那像阳光一样自他脸上荡漾开来的笑容，为整张照片添上了几分暖色调。

更重要的是，照片中的父亲，看起来完全不像是一个准癌症患者。尽管额头和眼角的几道皱纹有如刀刻，但天庭饱满，脸部也没有显示出任何异常。如果不是左手腕戴着那条手腕带，我们也不会把他与一个病人联系起来。

事实真是这样吗？时隔一年半载，当我在电脑里认真地审视这张照片时，还是发现了一些被我忽略的事情。照相时，为配合我，父亲尽可能地把脊背挺得直直的，可整个上半身仍微微向前佝偻着——他的身体似乎已不受他本人控制。

还有那头小象，也并非我们想象中的那样俊美。它全身布满了沟壑般的褶皱，就像是刚出生就已老去。不仅如此，它树桩般的脸部，岩石般的耳郭，山脊般的背部，还有石笋般的前腿……皮肤都磨损得特别厉害，好像刷到岩石上的一层青色油漆，随着时光的流逝，差不多已剥落殆尽。

我忽然注意到父亲的胸部，注意到他被那件有着灰白相间格子领的藏青色 T 恤衫所包裹着的胸部。父亲清瘦，可他胸部的轮廓看起来却很挺括。那不是腱子肉，也不可能是赘肉——在T恤衫凹陷下去的折痕里，隐约可以见到两三根肋骨的影子。如果不是联系到后来所发生的一切，我不会把注意力停顿在这个地方。就连父亲自己，也没有把胸部发生的变化放在心上，直到两天之后，他才让我见识了一个只有他自己知道的秘密。

见我频频给大象拍照，父亲也自腰间别在皮带上的手机套里掏出手机，打开拍照设备，将摄像头对准铁丝网那一边的大象和孔雀，用粗糙的手指摁着键盘上的按钮。但是他遇到了一点小麻烦。

“不晓得是什么原因，总是找不到刚刚拍摄的照片。”他向我求助。

我接过他递来的手机——一部拥有土豪金颜色的老式手机，特别笨重，像素很低，摄像头的分辨率也不高，拍出来的照片模糊不清，不知道父亲在哪儿购买的——摆弄了一番，查明了原因：内存卡容量已满。

望着一脸希冀并对拍照这件事满怀热情的父亲，一个念头在我的脑海里一掠而过：能不能把我高像素的手机与他的交换呢？但私念最终占了上风，我没有把这个念头说出来，只是清理完数据，就把土豪金手机还给了他。

事后，我也想过为父亲购买一部像素较高的智能手机，以满足他在行走间拍照的愿望，但紧接着，我们整个家庭都因他的治疗而陷入了前所未有的经济困境，这个想法自然也就不了了之了。

绕过大象馆，我们又去参观了金丝猴、河马、犀牛、长颈鹿、袋鼠、火烈鸟、孔雀、斑马、熊猫，还有父亲最感兴趣的狮子和老虎。

观看袋鼠时，我对父亲说，袋鼠妈妈的腹部长有一个柔软的袋子，小袋鼠就是在那个袋子里长大的。父亲起初不信，直到亲眼见到一只幼年袋鼠敏捷地跳进一只成年袋鼠的口袋，他才信以为实，并大为惊讶。

而在狮虎山，父亲则像个腼腆但又不甘心的孩子，面朝着鼾声大作的猛兽“嘚——嘚——嘚——”地呼叫起来。

那时正值略显闷热的中午，无论是非洲狮，还是美洲虎，都正懒洋洋地躺在草丛中睡午觉。我们对此都感到无趣，便在观赏桥上又呼又叫，一个抱着孩子的年轻母亲还向非洲狮投掷矿泉水瓶子——即便瓶子击中了那猛兽，并在它皮实的背部发出一个沉闷的响声，但它仍然无动于衷。

望着眼前这昏昏欲睡、了无生机的场景，两句不着边际的话，从我的潜意识里冒了出来，并被我牢牢记住了：

王者的风范，在多年以前就已退回到身体里的深山。

记忆里的威严，即使忽然像风雨一样大作，
也只会被看成一场即兴表演。

忽而就感到一阵莫名的难受与悲哀。那些面对挑衅和攻击仍然无动于衷的暮年猛兽，让我联想到刚刚进入暮年的父亲，那个正站在我身旁跟个孩子一样企图把它们从梦境里喊醒的男人。他不知道，他与那些猛兽拥有同样的命运。

在过去的三十年里，在我们的心目中，他就是一只老虎——他经常像一只威风八面的老虎那样，声色俱厉地教训我们。而现在，他正被岁月和一场大病囚禁。面对我们的批评，他也只是“嘿嘿”干笑两声，并不做任何辩解。

把动物园绕了一周，已是下午两点，虽然父亲仍意犹未尽，但他的身体已经吃不消了，头部有些晕眩。我们便在湖边寻了一把长椅小坐了片刻，直至若有若无的雨点洒落下来，才决定离开动物园。

快行至动物园出口时，父亲被几幅涂鸦在一处建筑物上的画吸引住了。他背着双手，翘首驻足了许久。栩栩如生的画面上，各种动物骑着独轮车飞快地滑行。那是漫画，显然不是真实的。可父亲信以为真了。

那个地方是“驯兽表演场”。

父亲在言语间流露出特别想见识一下动物表演的意愿，可那时并没有表演场次，最近的一场在下午两点四十，而父亲三点要去护士站，只好作罢。我以为父亲只是一时兴起，很快就会把这件事忘得一干二净的，没想到一个多月后，他在家中对母亲分享他在武汉的种种经历和见闻时，又提及这个未曾观看到的保留节目。

当时，我与他们坐在同一个房间里，但是我没有打算再带他去动物园，明明知道这样会留下永远也弥补不了的遗憾。

四

随之而来的周末，在我们日夜紧张的心底形成了一个丘陵般的缓冲地带——对我们而言，或许每个周末都相当于一个天然的缓冲地带。

事实也是如此。因为周末的到来，所有的事情，包括先前焦虑无比的坏情绪，固然依旧客观存在，但都被暂时搁置一旁。这种心理，大约与忽然接到前方战事暂停的消息而放缓了行军步伐的军人一样，会略微感到一点庆幸——既然谁也无法预料接下来的那场战事的结局，那就不去想它，且先度过这个周末再说吧。

医生不上班，病人就像正处于放风时间的犯人一样，成了临时的自由人，可以在外边尽兴游玩，而不必像前一日那样还要惦记着在某个时间赶到医院护士站去问讯的事情。至于如何度过这个非比寻常的周末，我也不像前一日那样纠结，几乎没有经过任何思索，出行方案就脱口而出——我们去归元禅寺看看吧。

我一早就知道这座兴建于清顺治十五年，隶属于曹洞宗，被称为“汉西一境”的寺院，想必是有许多可看之处的——多年来一直寻思着去看看的，只是如今终于逮着了机会，却不是为了感受博大精深的禅宗文化。

我想到美国作家哈珀·李在《杀死一只知更鸟》中借小女孩琼·路易丝之口所提及的那种会让一棵树发生自燃的力量。这个九月，在父亲的病情已得到初步确诊的情况下，我选择相信这个世界上确乎存在着这种杰姆在做一项短期心理研究时对他的妹妹琼·路易丝声称的这种神秘力量。

我还相信，只要我们的祈祷足够虔诚，这种神秘力量可以让已然发生的事情发生改变。它可以改变命运的轨迹。它可以让不可思议的奇迹，降临在我们的日常生活中。就像它可以让一棵树发生自燃一样。

我不认为这是迷信。它应该是每个人在遭遇类似的事情时都会表现出的极为正常与极为普遍的心理诉求。是一种类似于无意识举动的条件反射。

父亲对这个安排挺满意的。他依然起了个大早，依然把自己收拾得干干净净的，全身上下，除了那两团乌黑的眼圈外，见不到几许病容。他大约也懂得一些寺院规矩，譬如说在礼佛之前，是需要沐浴更衣的。

果然是一方名刹，还隔着几条街道，我就在喧嚣声中闻到了寺院独有的那种清静气息。那气息好比一棵千年古树，周遭万物都受到它葳蕤纵横的枝叶的荫庇。

然而，清静之地也并非如我想象的那般清静。游客摩肩接踵，好不热闹，堪比庙会现场。我们父子三人被像水波光影一样恍惚的人流裹挟着，从一个大殿迈入另外一个大殿，从一尊菩萨奔向另外一尊菩萨。

这一日，从信奉道教的故土走出来的我们，都变成了虔诚的佛教徒。无论是在供奉释迦牟尼的大雄宝殿，还是在罗汉堂，我总是高昂着头，无比专注地接住释迦牟尼和罗汉尊者递过来的怜悯目光。

我想通过这短暂而永恒的交流，让他们感受到我祈祷的虔诚，同时希冀在他们满含慈悲或近乎凶恶的眼神里寻找到答案。

我许下的愿望不像往日那样繁复贪婪——往日，我总是会习惯性地在菩萨面前许三个愿——自始至终只有一句：祈祷父亲并未真正患上癌症，保佑他早日康复，长命百岁。

这一日见到了多少菩萨，我就把这个愿许了多少遍。

妹妹同样虔诚。想必许下的愿望与我许下的一模一样。

父亲起初并没有求佛的意思。他背着手，像个普通游客一样，在菩萨面前左观右看，直至收到我们的提示，他才缓缓地小心翼翼地跪倒在尘埃里，把并未完全合拢的双手高举胸前，望着一脸慈悲的菩萨，口中念念有词："保佑我早日恢复健康。"

见到这一幕，我和妹妹都忍不住扑哧一声笑了出来，但又觉得不够严肃，于是端正嘴脸，再次提示他，"您在心里默默祈祷就好了，菩萨听得见"。他这才闭上嗫嚅着的嘴巴，一脸犹疑地望着菩萨，略作停顿之后，把刚才做过的动作重复一遍，继而把双手举过头顶给菩萨行礼。

他的动作笨拙而僵硬。

自从拜了一回，但凡见着菩萨，六十一岁的父亲就会十分自觉地跪到尘埃里，合起双手，像一个虔诚的香客那样，默默地祈祷。

望着认真求佛的父亲，我的内心五味杂陈。在菩萨面前，六十一岁的父亲看起来就像个未老先衰的孩子，一个对于自身命运感到无能为力的孩子。我无从得知，大慈大悲的菩萨是否伸出双手拥抱过这个历经劫难的男人。

一个大逆不道的念头，忽然从一个阴暗的角落自行游离而出。尽管我在第一时间对其进行了阻止，可它仍然盘旋于我的脑海——此后的数月间，它又曾无数次出没于我和家人的心里，久久挥之不去，日夜折磨着我们。

即使是现在，我仍然有些不敢面对这个灰暗的念头：如果那个初步诊断结果经得起检验，那么就意味着父亲来日无多。既然如此，那他所做的这一切又有什么意义呢？我们所做的这一切又有什么意义呢？

正因为如此纠结，所以当我再次把目光投射到父亲身上时，眼眶就有些湿润，目光里也生出了诸多不忍。仿佛发生在这眼前的一幕幕，已是告别仪式的组成部分；仿佛这些与父亲生活在一起的画面，不久就将成为记忆。

可父亲对此并不知情。他或许正在祈求一个万分光明的未来。即使后来，在知道自己所患之病确属肺癌无误之后，他还对我们描绘过美好的明日蓝图，“等我的病好了以后，我要花些时间把那个尚未完工的花园好好地设计一番”。

这才是最难过的时刻。父亲确实还有许许多多的事情要做，虽然我说不出，那些事情究竟是哪些事情。

这个九月的上午，我们父子三人尾随如同水波光影一样恍惚的人群，转遍了归元禅寺大大小小的殿宇，拜遍了各路菩萨，还站立于藏经阁的朱红大门外，观看了一会儿身披袈裟的僧人坐在大殿里诵经的场景。

一切都进行得十分顺利，但也说不上是十全十美。

该怎么说起呢？固然游客众多，但寺里并不是没有一个清静地方。譬如说位于藏经阁右侧的一个角落，就鲜有人光顾。说来也是奇怪，甫一来到这个角落，广场上不同于山门之外的另一番热闹与喧嚣，就如同繁花一般的浮云，变得朦胧而缥缈了。或许与那些落难菩萨有关吧。

那个角落里堆放着无数尊大大小小花花绿绿的菩萨，有的身上布满尘埃，有的似乎残缺不全。我无法理解，他们为何被供奉在这样一个僻静角落，只要落一阵大雨，好多没有被屋檐遮盖住的菩萨一准儿要被淋成落汤鸡。

我们父子三人各自揣测起他们受到如此待遇的缘由。我猜测是在寺院的其他地方供奉不下，才将他们集中安置于此——菩萨中间的香钵里，不是还燃着寥寥几炷香吗？父亲开口了，“这肯定是用来卖的”。

我赶紧纠正道，在寺院里，人们都不这么说，他们管这叫“请”。

父亲自觉出了口误，忙将目光游移到别处，然后表情黯然地迈下台阶，重新步入那个喧嚣却又寂静的广场。

我以为他会吸取教训的，哪里想到我们步出圆通阁的大门不久，刚刚拜完二十五尊圆通菩萨的父亲，似乎是迫不及待地对我和妹妹分享了他内心最真实的想法：“其实，我根本就不信这些。”

我和妹妹意味深长地对视了一眼，无言以对。我们都被父亲这句在寺院里听来跟鱼刺一样尖锐的话给卡住了。这一天，我们之所以从武昌坐那么远的车来到归元禅寺，就是为了给父亲祈祷。可他并没有领会我们的良苦用心。

过了半晌，妹妹才有些气恼地开导他，拜了总比不拜要好吧。

父亲突出的喉结滚动了两下，发红的脖子颤动了两下，嘴唇也跟着嗫嚅了两下，却没有吐出一个字。他在正午的阳光下眯缝着眼睛，与我们一道，向着那尊高大庄严的露天双面观音铜像徐徐走去。

我行走在他的右侧，没有在他的脸上看见更多的表情。他的那张被时光的刀斧潦潦草草雕刻过的脸，跟渐行渐远的恢宏而博大的二十世纪一样模糊，跟眼下这个即将呼啸而过的时代一样模糊。

五

星期天下午，我们在妹妹的住处会见了一位客人：在邻近武汉的鄂州市工作的表哥。

我们四人围坐在客厅那张靠近阳台的方形餐桌边，依据亲人间叙旧谈天的习惯，忆及了诸多故人故事。

与香港演员姜大卫先生有几分神似的大舅，在我的印象中，性情温和，待人宽厚，并不像是一位严厉的父亲。而表哥常年在生意场上打拼，洞明世事，练达人情，口才颇佳。在我的想象里，他们父子的关系应该是比较融洽的。

出乎意料的是，谈及大舅时，表哥直摇头——“不晓得什么原因，我跟爸爸就是没有话说。一句话都没的说”。言语间尽是无奈与苦恼。我心里一惊，想起了许多时候犹如墙壁一样横亘在我和父亲之间的沉默。

我迅速瞄了一眼坐在我身旁的父亲。他正微笑着听表哥说话，没有发现什么破绽。仿佛表哥说的，仅仅是他和大舅的事，并没有触及他这个听者内心的隐疾。事实果真如此吗？一切是那样不可思议，当我通过回忆的方式回到已经呈现出黑白照片一样的生活现场时，我看见父亲那张略显痛苦的脸上分明浮现着几丝不易觉察的异样神色。他一定也在那个瞬间记起了许许多多个沉默的画面。

表哥不知我和妹妹与他感同身受，也就未曾察觉到发生在我和父亲身上的微妙变化。或许是出于某种善意，他接着谈及诸多关于大舅在城里生活的趣事逸闻，逗得我们哈哈大笑，房间里飘荡着快活的气氛。

谈话间，雾霭般深沉的暮色已降临窗外，我们的脸上也浮起了薄薄一层倦意。见时间已不早，表哥给父亲塞了一沓钱之后，起身要走。我们挽留他吃晚饭。在这推辞与挽留的间隙，他忽然提及我从未谋面的一位姨妈——大舅的堂妹，他的叔伯姑姑，母亲的姐姐，并犹豫要不要把父亲在武汉的消息告诉她。

我们知道在省城有这样一位姨妈，而且是一位家庭富裕、颇有社会地位的姨妈，但我和妹妹从未想过要打扰她。毕竟，母亲与她没有血缘关系。更重要的是，这么多年来，我们两家人并没有什么往来。

经过反复权衡，表哥最终还是将这一消息十分婉转地告诉给了姨妈，同时将姨妈当即做出的一个决定转告给了我们：姑妈今晚请我们吃晚饭。

这变成了一件大事。

酒店位于武昌的繁华路段，高端的外观看起来更像是国际会议中心，大堂被装饰得金碧辉煌，好几位西装革履的服务生和身着红色旗袍的迎宾小姐站在旋转门之后迎候着；摆着四五十张圆形餐桌的大厅，看上去既大气又体面，造型考究的壁灯与华丽典雅的枝形吊灯晃得人头晕目眩。

姨妈虽已五十出头，可看起来只有四十多岁，而且气质不凡。她一边款款而行，一边试图与她从未见过面的妹夫拉点家常，可父亲只是微笑着以示回应，偶尔才操着一口十分蹩脚的普通话，吐出一两个并不完整的词语。

我们在服务生的引导下，穿过异常宽敞的走廊，在大厅中部选定了一张位置适宜的餐桌。父亲站在那儿，时而望着餐桌，时而环顾大厅，手足无措，直至姨妈招呼他快坐下来，他才在我的左手边找了个座位很不安地坐下了。

菜单呈上来时，姨妈让我们每个人都点两个菜，并将点头菜的权利交给了父亲。他很客气地推辞了：“不会点，不会点……你随意点几个就行了。”

姨妈任教于一所名牌大学，是典型的高级知识分子。我们表兄妹三人也都念过大学。我们很容易就能找到一些共同话题，而且可以从一个话题延伸到另外一个话题，或者是衍生出新的话题。父亲基本上插不了嘴。

我们围绕着姨妈谈话，他便坐在那里偷偷地左顾右盼，观赏天花板讲究的吊顶，华丽的壁灯，空旷的大厅，投射在墙壁上的影像，身着红色礼宾服的服务员，头戴尖顶帽子的厨师……他的目光里打满了问号，却又掩饰着好奇。

用餐时，他也极少说话，甚至极少夹菜——筷枕上并列枕着三副筷子，他不知道该使用哪一副——只是默默地对付着姨妈盛给他的食物。

姨妈心细，擅长照顾每一个人的情绪，见父亲如此沉默，便不时与他打个招呼，让他多吃菜，可他也只是一味地点头应答：好，好，好……他说出的普通话，需要我们翻译一遍，从小在武汉长大的姨妈才听得懂。

或许正是存在交流上的障碍，有那么一阵子，父亲只是认真地吃着饭，脸上没有什么表情。作为儿子，或者说作为一个经历过类似遭遇的人，我感受到了他内心的复杂情绪：窘迫，不安，孤独。

一个农民与一位大学教师有什么共同语言呢？他原本是主客，却在无意间变成了一个好像与这次聚会毫无关系的局外人。但他终究还是说上话了。

那是在姨妈答应考虑表哥提出的那个在即将到来的国庆节期间回老家度假的计划，却又担心在乡下的住宿问题时，父亲立即用一副不容置疑的口吻，对姨妈发出了诚挚的邀请，“到我们家里去住”。

随后，表哥又询问起我们镇上农产品的收获日期和价格，父亲一一回答了他。在这些事情上，父亲确实是一个无所不知的人，尽管在此前将近二十年的时间里，他一直在外省谋生，在村子里生活的时间少之又少。

我发现，只有谈及这些事情，父亲暗淡颓唐的脸部才活泛起来，神色也才像过去那个坐在乡邻面前高谈阔论的他——虽然他自始至终一直保持着某种礼节性的克制，说话的分贝也拿捏得恰到好处。然而饭局已近尾声。

买单时，服务员拿来一台移动 pos 机。父亲从未见识过，觉得新鲜，就在姨妈输入银行卡密码时，他忙从口袋里掏出老花镜戴上，把脖子伸过去想看个究竟，可好像什么也没有看明白。

两天之后，我和他在另外一家餐厅吃饭时，他终于向我分享了他在这个晚上的重大发现。我起初以为是他破解了用银行卡在移动 pos 机上支付账单的秘密，没想到是另外的事情。也不知道为什么，我对这个画面记忆特别深刻：

父亲坐在我对面，啧啧不已地感叹："那么大的空间，晓得要坐好多人！我们刚进去时，还没有几个客人。可离开时，几十张桌子都已坐满了。"我听了好一阵难过。

为此，我特别感谢姨妈。是她让父亲在有生之年见识了一回高档酒店的场面。我们兄妹，应该都有过在高档餐厅宴请朋友或赴宴的经历，却从未想过要带父亲去这样豪华的地方吃一顿饭。

那个晚上，姨妈把我们送回住处后，父亲在灯下把母亲给他的生活费以及姨妈和表哥塞给他的钱，分别从那个麻灰色的手机套和裤兜里掏出来，叠放在粗糙而瘦长的左手掌心，接着用同样粗糙而瘦长的右手把它们从头到尾认真数了一遍，三千多块。随后，他把这笔钱悉数交给了我，由我统一支配。

当我从他迟疑的手中接过这沓钞票之时，虽然嘴上还与他和妹妹开着玩笑，“这下发财了！”但胸中已有百般滋味如同流泉迸涌。

数月之后，我才意识到，这实在是一个应该被认真对待的庄重时刻——我们在一个寻常可见而又容易被忽略的举动里，完成了一项重要使命的交接与角色转换：从他决定把钞票交给我支配的那一刻开始，他就已宣布放弃了作为一个父亲应有的权利；同一时刻，我们正式成了他的监护人。

新的一周就要开始了。

六

这周发生了许许多多的事情。其中一些无关宏旨，转瞬间就被新的事情所覆盖、淹没，而另外一些，却长久而又顽强地留在了我的脑海里。

公元二〇一五年九月十四日，我和父亲正式开始了在旅馆和医院之间奔走的生活。我们每天都会挤同一路公共汽车，两次横跨烟波浩渺的长江，两次路过立着一座大理石牌坊的中山公园……没过两天，我就把那条需在途中经停十来个站台的路线熟记于心了。

那是一种准确而又模糊的记忆——我记得公共汽车该在哪个地方拐弯，该经过多少个十字路口，却说不出那些分立于街道两侧的建筑物的名字。每当我挤进人满为患的公共汽车的车厢时，总是会产生一种如置身时空隧道的幻觉。

身处于这个空间，街道两侧的建筑物，在我眼中与那些不断在我眼前消失的陌生人一样虚幻。很多时候，我甚至觉得站在我身旁或坐在我对面的父亲，也是虚幻的。他的那张在我望向他时尽量显得自然与平静的脸，也是虚幻的。好像他和他的脸也会随时随地从我眼前消失。

但也有例外，譬如同济医院门口的那座天桥——每天，我们都会穿越天桥到马路对面乘坐回旅馆的公共汽车。我记得桥上的拐角处蹲守着许多四肢不全的乞讨者。但凡遇到我认为值得同情的对象，我都会不假思索地往他们面前的不锈钢碗里丢一个面值一元的硬币。我记得父亲的反应。记得他欲言又止的脸部表情。

父亲已多次要求住进医院。他还是嫌住旅馆太贵。实际上，我到达武汉的第二晚，就与旅馆的老板重新商议了价格，两个房间一晚一百三十块。已经足够便宜了。可父亲从患者那里打听到，医院的床位费是二十多块钱一天。

然而事与愿违——医生每次都以不容置疑的口吻回应了我们恳切的请求，“现在还没有床位，一旦有了，我会优先给你父亲安排”。

父亲开始记账。每天晚上，当我们回到妹妹的住处，他都会从裤兜里掏出眼镜盒，拿出那副老花镜，很有仪式感地把它戴到鼻梁上，就着灯光，把这一天的开支详细地记录到随身携带的一个封面磨损的笔记簿上。

这个习惯，父亲一直保持到最后一次住院。即便那时，他通体冰凉的右手因为剧烈的疼痛已经不能做任何事情，他依然用左手来完成这项工作。

我们都预计到最终的检查结果会在本周出来。

我和妹妹一直在默默祈祷，祈祷最终的结果并非县人民医院得出的那个结论，祈祷它在此前带给我们的种种担心只是虚惊一场，却又无法阻止另外一个完全相反的声音，幽灵一般出没于我们时时处于高度紧张状态的脑海。

事情似乎确实是在朝着我们期望的方向发展——上周所做的几项检查的报告单先后出来了，心电图正常，血液检查正常，腹部彩超也没有任何问题。就连医生也说，“一切都还好”。我已经开始怀疑县人民医院的那个结论了，认为是他们出了差错。我迫不及待地把这个带有强烈主观色彩的判断分享给了父亲。

那时，我们正行走在胸部肿瘤科的走廊上。父亲很高兴，露出了一种久违的笑容。他的步伐，明显轻快了许多。

我差点就被这一幻觉所欺骗，也差点忘记我们身在何处以及父亲真实的精神状态。我当然期待我们的祈祷都会变成现实，也相信奇迹一定会在我们的生活中出现，但是一些客观存在的事实，终究让我们无法忽视和回避：父亲的身体似乎越来越糟糕了。

为了消磨时间，那段日子，我们在用过晚餐后都会看一会儿电影。

前两天，父亲颇有兴致——一部电影播放完之后，他还把那张饱经风霜的脸凑到电脑显示屏前，伸出那只指关节异常粗大，皮肤粗糙，显得笨拙无比的右手，握着鼠标在桌面上前后左右地滑动，试图自行更换影片。

可两天之后，他对电影所有的兴趣似乎就戛然而止了。

那几个夜晚，只见他蹙着身体倚坐在椅子上，双手环抱胸前，神情忧戚地望着光线不断变幻的电脑屏幕。可那些精心导演的打戏，并不能抵制他身体里如同潮水一样奔涌的倦意。没一会儿，他就把脑袋倚在窗栏上打起了瞌睡。

当他被某个刺耳的声音抑或是幻觉猛然惊醒，从极度困倦的状态中睁开混沌的双眼时，他总是会下意识地从别在皮带上的手机套里掏出手机，瞄一眼时间，然后对我们说道，“坚持不下去了，回旅馆睡觉吧”。

而那时，不过十点钟的光景。我总有些不愿意。时间尚早，回到旅馆又无事可做，只能躺在床上胡思乱想。然而父命难违。他实在是需要休息了。他那张因为布满油污而显得暗淡不堪的脸，交织着憔悴与痛苦。

我们都注意到，父亲需要用手撑着椅背才能顺利地站立起来，偶尔还需要扶他一把。他的上身显得异常沉重。两只大腿尽管绷紧了肌肉，可使不上多少力气。有时，他还像醉汉一样迷迷瞪瞪的，在站起来的那一刻，神色恍惚。

那副迷茫样子，好像整个房间都在他眼前晃动。

下楼时，他总是会紧紧地抓着左手边那架锈迹斑斑的扶梯，迈出去的步子缓慢无力——每下一步台阶，他的嘴里都会吃力地发出一个奇怪的声音，如同一个休止符——仿佛前方没有被灯光照亮的台阶是一道悬崖。

整个黑咕隆咚的楼梯间都回荡着自父亲嘴里发出的那个奇怪的声音。这个声音，有点像早年他与我的叔叔们在逼仄的山间小道上用肩膀抬木材或石头时为了步调一致而喊出的“哦——嗬——哦——嗬——”的号子声。虽然少了那抑扬顿挫的旋律和激昂澎湃的力量，但听起来，他也像是在抬着什么重物赶路。

在灯光的一亮一灭间，望着父亲像秋天的山冈一样凹陷下去的背影，我也会产生这样的错觉：向黑暗深处迈过去的父亲，离我们越来越远了。我想伸出手去拉住他的手臂，好让他停留在灯光能够照及的光明之处，却总是犹豫不决。

注定了在以后的日子里，我会无数次回想起这个画面。画面里的父亲，正如我喜欢的歌手许飞在《父亲写的散文诗》这首歌里所唱：已经老得像一个影子。

与不能如愿住进医院一样，父亲那个简单得不能再简单的愿望也不曾实现。

自从这年四月份开始——直至次年六月，他就没有摆脱过疼痛对他肉体和精神的折磨。尽管他在此期间没有间断止疼药的服用，而且药量越加越大，药品的价格也越来越昂贵，但收效甚微。网状般密集的疼痛，如同尖锐喧嚣的往事，总是会在安静的夜晚变得愈发清晰、明亮。

于是，我们在每个早晨碰面后的第一句话，不是我询问他昨晚睡得怎么样，就是他若无其事似的向我低声诉苦：“又是一宿未睡”，“仅仅在天亮之前囫囵眯了两个小时”。

可我实在是爱莫能助。再漂亮的安慰话，都不能减轻他的痛苦。因此，每次面对他若无其事似的诉苦，我要么装作没有听见而沉默不语，要么别过脸去长长地叹息一声。

我们都担心如此永无止境般地等待下去，父亲的病情会恶化到不可控制的地步。这可不是我们让他前来武汉的初衷，却又毫无办法。

那段日子，留守在家的母亲几乎是一天一个电话，然而不论是打给父亲，还是打给我，唯一的话题，就是询问检查的最新进展，结果何时才能出来云云。被蒙在鼓里的她原以为最多不过三五天，父亲就会回去的。

一个天气阴沉的清晨，在父亲给我见识了一个怀揣多日的秘密之后，我变得更加不安。那个清晨，我和父亲站在小区的走廊上等待下楼来与我们会合的妹妹时，我询问他除了疼痛之外，身体还有无其他不适。他思索片刻，犹豫着解开了脖子下方的两颗纽扣，指了指胸口，然后对我说道，“这里有些肿”。

我抬头朝他的胸口瞄了一眼，便习惯性地把目光移开了，却又在巨大的惊恐之中，受到某种力量的驱使，把目光飞快地移了回去。我被眼前所见吓住了。那个瞬间，内心沉重如有大厦坍塌。一种不祥的预感将我牢牢缚住。

父亲肋骨暴露无遗的胸口，隆起一座鼓鼓囊囊的小丘，犹如倒扣着一个圆形碗底。他的身体莫名其妙地膨胀了。

我意识到事态远非我们想象的那样简单——尽管我们已经知道了县人民医院给出的检查结果，可我们依然对父亲的病情心存幻想，以为还有扭转乾坤的可能——而是严重到不可思议的地步了。

说不清来由地，在这本该安慰父亲的时刻，我却变得异常生气，语气也变得极不友好。我至今记得我站在那条空荡荡的走廊上责备父亲的样子。

“为什么不早点告诉我？”我使用着多年前的那个父亲的语气质问他。

“它又不疼。”就像是为了推卸某种责任似的，父亲小心翼翼地措辞。

“几个月了？”

“七月份出现的。”

“您七月份不是去过州中心医院吗？没有把这个情况告

诉医生？”

“当时……”

七月，父亲确实应我的要求去过一趟州中心医院，可他没有按照我的叮嘱办理住院手续，对病情进行全面检查。

那个炎热的上午，据说他仅仅做了一项 CT 检查，送他到医院的司机就不停地催促他返程。而他也糊涂，居然就跟着司机回去了，好像再也回不到那个每当他和我们的母亲争吵时空气都会窒息得叫人想一辈子逃离的地方。

当然，他还没有完全糊涂。上车前，他匆匆忙忙地把 CT 片子递给胸部内科的医生瞅了一眼。或许是见父亲并没有认真检查的意思，医生也瞧得十分仓促，而且很快就给出了判断：肺结核。

这就是七月的那个下午，父亲在电话里告诉给我的答案：与县人民医院的检查结果一样。而我一直以为，那是他在州中心医院做过全面检查，医生在对各种数据和图像经过认真分析之后得出的确切结论。然而不是。

我一直不能宽恕自己。即使是在今天，当我回想起整个事件的来龙去脉时，我依然还会这样设想：假若在这年七月，我没有去北京学习，而是回家陪同父亲到医院进行检查，事情会不会朝着另外一个方向发展？假若四个多月前，我没有擅作主张，而是听从了医生的建议，结局是不是与现在迥然有别？

我当然明白，所有的假设对于已经发生的事情，都是没有意义的，我也了解到，由于肺癌早期症状不明显，公众对肺癌早期发现意识不足，近八成肺癌患者到医院检查时都已是中晚期，可我总是觉得，正是因为错过了这两次至关重要的彻查病因的机会，父亲的病情才会在短短的几个月时间里恶化得不可逆转。

这是一道永远也逾越不了的坎。尽管很多时候，人们——也包括父亲在内，都习惯或擅长于用“命运”或“命运的安排”这类理由来为自己在某件事上因没有全力以赴而导致的过错开脱；尽管父亲之所以会一步步走到九月这般情形，譬如说在检查的过程中出现的那些失误，偶尔看来确实也像是“命运的安排”。

“命运的安排”在此时还没有显露出特别明显的迹象，但其他的安排已经开始运转了——自周二开始，余下的三项检查已在相关科室陆续进行。

最先做的是核磁共振检查。

父亲曾给我分享过他在县人民医院做这项检查时的切肤之痛：耳朵里虽然塞了一团棉花，但检查仪器发出的呜呜鸣叫声依然能够穿越重重障碍，令人心悸不已。

这天下午，我们在候诊区域等了将近两个小时，才在电子显示屏上看见父亲的名字。检查室外守候着不少神情焦灼的病人家属，走廊上还横着一张病床，白色被单下躺着一位奄奄一息的病人。张贴在墙壁上的警示牌，让人心存警惕。在这样的地方，我总是莫名其妙地担心自己的身体会在无意间受到伤害。

终于轮到父亲检查了。按照医生要求，他很自觉地解除了全身上下所有的金属设备：一部拥有土豪金外形的老式手机，一副廉价的老花镜，一条带有金属盘扣的皮带……出乎意料的是，还有一把不锈钢水果刀——当我从父亲手中接过这件物品时，胸中不禁大为疑惑，他随身携带着一把锋利的水果刀做什么呢？

我用一种审视的目光把父亲打量了一眼，正要张口向他讨释心中的疑窦，医生叫起了他的名字。我目送惴惴不安的他向灯火通明的检查室走去。刚刚跨入室内，那道自动开合的厚重大门就在他身后徐徐合上了。

几乎是同一瞬间，也就是大门合上之时，就像有人飞快地按了一下快门，父亲那个迟疑而蹒跚的背影，被拍摄在了我的脑海里。

我转过身，抱着父亲的外套和金属物品，准备开始漫长而无聊的等待。可半分钟不到，随着一道蓝光闪过地面，那道厚重的大门又徐徐开启了。一位戴着医用口罩的女医生望着走廊里的人群生气地大声询问："谁是病人家属？"

我心里一惊，以为出现了什么紧急状况。只见父亲站在核磁共振的检查仪器边，手舞足蹈的，焦急得不知所措。我赶紧举手示意。

"病人是不是有精神病？"女医生依然用那副生气的口吻问道。

"没有，没有！"我十分肯定地回答了她，同时对她的问话感到不解。父亲挺正常的呀，怎么在这么短的时间内就表现出了精神病的症状？

“你的身上有没有金属物品？”医生转而问父亲。

“牙齿？我的牙齿没有问题。”父亲竖起耳朵，连猜带蒙地回答。

“你的身上有没有上过螺丝或钢板？”医生不仅提高了说话的分贝，而且眼神里满是厌恶。很显然，她已经很不耐烦了。

父亲犹豫了半晌，脸上满是疑惑，讨好与焦灼兼而有之的目光里打满了问号，表示没有听清楚。医生又加大分贝把问题重复了一遍。

“我的脚，以前做过手术。”父亲指了指右脚，望着医生小心翼翼地说。他茫然无措的样子，像极了一个生怕回答错问题而遭受批评的小学生。

“这样的情况，根本没法检查。”医生嘀咕完这句话，转身对我说，“你去告诉主治医生吧，说病人的情况不适合做这项检查。”

我总算明白了医生打开大门寻找病人家属的原因：两个人因为语言问题而无法完成正常的沟通交流。在我的翻译下，父亲终于向医生交代，他的右脚以前做过手术，也上过螺丝和钢板，但都取出来了，检查无碍。这才过了关。

那道似乎连接着两个完全不同世界的大门，再一次徐徐地关上了。可是退出门外的我不仅没有长舒一口气，反而感到一阵从未有过的难受。

这就是我们的父亲。他因答非所问面对医生的指责时所表现出来的那种焦灼与无助，一直在我眼前闪烁。还不知道他在过去将近二十年的时间里在这个国家走南闯北时，都经历过什么样的事情。

我同时也在思考，父亲一向还算正常的听觉系统怎么忽然就停止运转了呢？是真的听不懂那位女医生的普通话，还是半月前在县人民医院做这项检查时因为难以忍受那种刺耳的鸣叫声而留下了后遗症？

这个问题一直困扰着我，直到今天，我仍不能确定自己是否已经找到了真正的答案。唯一可以确定的，大约只有一点：父亲在一个完全陌生的封闭的环境里敏感地捕捉到了来自他人乃至检查仪器的压迫——文明的压迫。

过了半晌，父亲从那道大门里走了出来，背佝偻得厉害，步子迈得异常缓慢，甚至有些瘸。整个人显得异常疲惫，仿佛刚刚经历了一场难以应付的战事。看见我了，也只是默默地从我手中拿过属于他的东西。自始至终没有说一句话。

随后两天，父亲又做了支气管镜手术和核检查。

记得做完支气管镜手术后，医生通知我前去扶他时，他毫不掩饰地用手揩了好几下血红的眼睛；穿过手术室时他步履踉跄，胸脯剧烈起伏，既像是摸黑赶路，也像是有人在身后十分粗鲁地推搡着他。

我们在那个光线跟雨天一样昏暗的走廊里坐了半晌，他都没有缓过神来。他那张瘦削的脸因无法形容的痛苦而扭曲变形，眉间和鼻梁两翼的几道沟壑更加显著，有如刀斫斧凿；他不停地往垃圾桶里吐着鲜红的唾沫——肺部仿佛被捅了一个大窟窿——眼角闪烁着破碎的泪光。

在此后住院的日子，他多次伸出两根指头，咬牙切齿地与病友讲述这段痛苦经历：半月内，我把这个要命的手术做了两次；半月内……

做核检查时，一向以胆大著称于世的父亲更是表现出了某种恐惧——或许仅仅是这个检查项目的名称，就已让他感到无端的不安。在前往核检查科室的途中，他曾问过我一个近乎天真的问题，“为什么要做这样一项检查？”

虽然他的问话听起来有些漫不经心，但我还是觉得，他是鼓足了勇气的。就像四个月前，我打算给他按摩头部时也需鼓足勇气才敢征求他的意见一样。

在他闪烁不定而又显得异常迷茫的眼神里，我不仅证实了自己的感觉，还意外地发现了他竭力掩饰的秘密。

那是属于男人的秘密，父亲的秘密。

七

父亲终于如愿住进同济医院胸部肿瘤科的病房。

这一天，是二〇一五年九月十七日，星期四。我查询了一下武汉市二〇一五年九月份的“历史天气预报”。我在网页上看见了如下信息：2015 年 9 月 17 日，阴 / 小雨，26℃ /20℃，无持续风向≤ 3 级。

在这个离我们已越来越遥远的多事之秋，我不曾留意天气的变化，只是模糊地记得中途下过两场雨，却说不出下雨的具体日期。现在才吃惊地发现，前面持续了将近一个礼拜的晴天，竟然就是在这一天结束的——接下来的两天都有雨，十八日中雨，十九日小雨，直到二十日，天气才晴朗起来。

这个意外的发现让我意识到，或者说强化了我对一个观点的认同：只有隔着时空打量过去的某一段生活，那些不易察觉或者是当时不以为意却含有深意的东西，才会像冰山一样缓缓浮出时间的水面。

这三个下雨天，确实不同凡响。

我们把父亲住院当成了一件十分郑重的事情。妹妹特地向公司请了假。其实呢，并没有多少行李可拎，除了他从县人民医院带过来的洗脸盆、牙膏牙刷、洗发膏、几个衣架和一件外套外，什么也没有了。他连内衣内裤都没有带。他以为只需在武汉住上两三天就可以回去的。

前一晚收拾东西时，我在父亲探寻的目光里意会到他想让我一并住进医院的意思，我一口拒绝了。我原本就不喜欢医院的味道与氛围，尤其在我多次往返于肿瘤科病区见识了种种难以面对和适应的医院日常之后，就更反感了。相对于医院，我更愿意住在小旅馆里。

我对父亲说，等您正式开始治疗的时候，我再去医院住。虽然我已打定了主意，可话一出口，我就后悔了。我不远千里地来到武汉，不就是为了陪父亲吗？

父亲直愣愣地站在那里，嘴角嗫嚅着，惨淡而又哀怨的目光、脸部近乎痉挛着的肌肉、耷拉着的双肩乃至无所适从的青筋暴突的双手，都在说话……与往日大为不同的是：他的嘴巴尽管嗫嚅着，却没有吐出一个字。

我知道，要是相同的事情发生在往日，他肯定会大发雷霆，毫不顾忌地对我的行为横加指责。毕竟旅馆不是免费的。而这一次，他选择了妥协。

魏瑶医生给父亲安排的是一个两人间病房。

我们拎着父亲的行李推门进去的时候，病房里静悄悄的，空无一人，但只需一眼就能看出，里侧的那张病床上是住着人的：床头柜上摆放着一些生活必需品，床尾搁着一只拖箱，床下放着两双拖鞋。一双黑色男拖，一双玫红女拖。

把行李放置妥当后，父亲坐在病床上，双手虚撑床沿，将对面那个不曾谋面的病友的行李不动声色地打量了一番，然后朝我们努了努嘴，分享了他对于眼前所见分析得出的结论，“那家人的日子肯定很好过”。

事实证明父亲的眼光是相当厉害的。过了一会儿，熟门熟路地走进来一对中年男女。男人身着西装，寸头，黑脸，精神抖擞。女人一头棕色鬈发，穿着时尚，面相富贵。他们像主人一样坐下来，与我们聊了起来。

闲谈间，得知他们来自江西九江，在市区做水果批发生意，儿子在南昌某医院工作，女儿已出嫁。由于常年抽烟，男人患了肺癌，但发现得还算及时，刚刚做过手术，右边大半个肺都给切除了，现在连喘气都十分吃力。

男人还将上衣撩起来，向我们展示胸前那道醒目的伤疤。那是一道刚刚愈合的伤口——似乎血迹都还没有完全凝固——足足有二十公分长，像一条巨型蜈蚣趴在那里。特别瘆人眼球。让人无端地联想起大地上丑陋的裂缝。

这位中等身材的江西男人还对我们说，当他被检查出患了肺癌以后，他只做了一件事：抽烟，狠狠地抽，拼命地抽，抽得昏天黑地。三天之后，他似乎想明白了所有的事情，然后踩灭了最后一个烟头，抱着横竖一死的心态，在妻子的陪同下坐长途火车到同济医院做了开胸手术。

女人接着说，他们以前住在外科楼，两天前刚转到这里。医生说还要做三个周期的化疗，防止癌细胞扩散。前后已经花掉了十好几万。

当他们平静地讲述这一切的时候，最开始，我们都只是感到好笑——包括父亲在内，笑那男人在得知检查结果后不管不顾地抽烟，笑他抽完烟后一个人在无人地带肆无忌惮地痛哭流涕，而没有联想到，发生在这个男人身上的事即将发生在父亲身上；他们这个家庭所承受的一切，我们很快也将承受。

或许也联想到了这些，但都还顾不上思考我们该怎样面对这样的局面，该怎样接受或者说正视这样的事实。父亲是否能与眼前这个男人一样，看淡生死，我们是否能与眼前这个女人一样，仍然对生活保持一份积极乐观的心态？

这都是未知数。谁也不知道答案。当一件异常严峻的事情尚未真正落到自己的头上时，谁都不会设身处地地替受难者着想。

那个已经被我们称作叔叔的江西男人，因为身体有些不适，躺到了床上，可兴致依然高昂。他以一个过来人的身份对父亲传经布道：癌症并不可怕，可怕的是自己。许多人到了最后，不是因病而死，而是被吓死的。只要保持一个好心态，就能挺过难关。大不了一死嘛。儿女们都已长大成人，也没有多少遗憾了。

对于这些观点，父亲表示认可——他不仅频频点头回应，还操着一口蹩脚的普通话，不时附和一下他的演讲，“是的。”“对。”“你说得对。”他的脸上始终保持着真诚的微笑，而且还在为数不多的插话里表达出一种相当豁达的生死观。

我认为父亲来对了病房，不至于被悲观情绪所感染，同时又颇为担心。因为在此之前，我们对父亲都只是说，我们在此检查，只是为了弄清楚他所患之病究竟是肺结核还是肿瘤。现在呢，与他同住一室的，就是一个已经被确诊的肺癌患者。而且他在言谈之间，已经理所当然地把我们的父亲当成了同病相怜之人。

我的担心并不是多余的。

第二天上午，母亲例行打来电话问候。父亲亲自接的，一听是母亲的声音，他原本平静的情绪陡转直下，忽然间变得特别糟糕。不及母亲把问候语说完，他就粗暴地打断她，然后怒气冲冲地挂掉了电话。

母亲被父亲平地惊雷般的教训弄得一头雾水——前一天下午，父亲与她商量农事时的语气还与平日无异，甚至还有几分温柔——随即把电话打到我这，低声询问发生了什么事情。我自然知道其间缘由，却又不能告诉她——我们兄妹一早就在这件事情上达成了共识：不能把真相告诉母亲。我搪塞道，“他心情不好”。

父亲的过激反应，实际上是一个危险信号。但是没有人可以阻止一个人在翻来覆去的夜晚和无人说话的时刻胡思乱想，尤其是当他置身于胸部肿瘤科病房这样一个环境里——躺在病床上不停呻吟的，像魂魄一样在各个病房和走廊里游荡的，绝大多数都是肺部发生了致命病变的人。

这也是我最担心的事情。一个人如果因为某种不能承受的打击或因某个不能接受的事实放弃了自己，那么，所有的治疗与安慰，都是无效的——我们无法挽救一个在精神上已经把自己杀死的人。

还好，这个时期的父亲，还没有对自己丧失信心，他只是被自我猜疑所绑缚和挟持，情绪波动很大，时不时地在母亲面前——对，单单是在母亲面前——把另外一副面孔暴露出来。他彻底对自己丧失信心，则是好几个月之后的事情了。

那个时候，癌细胞已经在他的身体里像不可控制的火势一样疯狂蔓延。在拍摄出来的核磁共振片子上，他的脊椎、肋骨、胳膊肘、大胯骨，布满了阴影。他已预感到来日无多，面对我的鼓励无动于衷。

由于最终结论尚未出来，父亲每天也只是象征性地输三小瓶药水，其余时间均由自己支配。而我们也意识到只有少待在病房，少与病人接触、聊天，才能避免或最低限度地减少环境对父亲产生的负面影响。所以，只要医生没有特别的吩咐，我们就会离开病房，到外边散步。

第一个下午，我们在马路上闲逛时，迈进了一家服装店。妹妹给父亲挑了一身衣裳：一件带领子的T恤，一条西装长裤，一个毛线马甲。父亲嫌贵，一个劲儿地推辞，“家里还有好几件呢！”但拗不过妹妹——在此后的几个月间，妹妹又给父亲买过一两件衣裳，而且价格不菲。我明白她的意思。

第二个下午，我和父亲步行去了距离医院大约有两站路远的中山公园。我们沿着那些交叉纵横的道路漫无目的地散步。我们穿越过一个立着雕像的水泥广场，参观过一个陈列着许多照片的展室，远远地观赏过音乐喷泉，沿着一条两岸长满了构树的河流步行，途经一座长长的拱桥……直到薄暮时分，才返回医院。

回想起这个下午，那些破碎的记忆，如同蒙尘的镜面，在刹那间被什么东西擦拭一新，重新焕发出了光彩。

记得进园不久，我们隔着一座石桥远远地望见几棵稀稀疏疏地挂着一些青色果子的橘子树，便信步走上了那座光线斑驳陆离的湖心小岛。

我像孩提时代那般——更有可能是因为父亲在身旁的缘故——起了小小的贪心，揪住其中一棵橘子树的树枝使劲往下拨拉。父亲呢，十分默契地扮演起了同谋者的角色，踮起脚尖，伸出手臂为我摘了两个。

这个情节让我想起二十多年前，他用双手托举着年幼的我，让我在枣树上摘红枣的那个下午——此举曾引起大哥的不满，抗议父亲有失公允。长我三岁的大哥是自己爬上树去的。在与大哥的比赛中，我因得父亲相助，明显占了优势。

还有几个镜头也令我印象深刻：

父亲站在马路上仰望着像巨龙一样在半天云里穿梭来去的过山车的轨道出神，目光里流露出某种孩子似的天真与好奇。扫兴的是，或许是天气原因，这天下午并没有人玩过山车。他失望至极，嘴角近乎呢喃地发出一连串疑问：怎么没有人玩呢？怎么没有人玩呢？

而面对静止不动的摩天轮，他不禁伸出了瘦长的右手。他在空中反复画着一道弧线，像是在拨动一个无形的方向盘，嘴里念叨着：转啊，快转啊……不可思议的事情在这个下午发生了：那摩天轮果然转动起来了。

眼尖的父亲发现了这个不易察觉的秘密。与几日前在动物园观看老虎和狮子时的表现一般无二，他竟然跟个顽皮孩子一样，发出了惊喜的叫声。尽管那声音很小，甚至还有些微弱，但难以掩饰他内心的兴奋。

这是个相当愉快的下午——在这个充满了欢声笑语的

地方，他一次次伸长脖子，一次次把好奇的目光越过围栏，仔细地观看孩子们骑旋转木马，开碰碰车，坐小火车，打靶、射箭……对于眼前种种所见，他都感到新鲜无比。

那些像小马驹一样兴高采烈的孩子，让父亲的目光变得越来越柔和，柔和得就跟傍晚的灯光一样，镀着一层令人永远怀念的光晕。

“向泽翔最喜欢这样的地方了。”这句话忽然就从他的嘴角像一条鱼一样游了出来，而且在短短的几分钟时间里，这条鱼在他的嘴角至少出没了两次。

正是这条鱼，让我终于接受了一个事实：他既是我们的父亲，也是我们下一代的祖父。而在此之前，我时常忘记他已是一个做了多年祖父的人，或者说这么多年以来，我在心理上只愿意承认他众多身份中的一个，那就是父亲。

虽然我们待在病房里的时间少之又少，可弥漫在我们身体里的焦虑与不安，还有莫名的紧张与恐惧，依然难以掩饰。它们时常爬上我们的脸庞，爬进我们的目光，爬进我们的对话，爬进我们长久的沉默中。

我知道，所有的焦虑与不安，紧张与恐惧，都源于那个不知道何时才能出炉的结论，医生没有一个准信。我们既期待这个结论早日出来，却又害怕面对。

我们害怕一件无法被我们接受，被我们极力排斥的事情，会变成一个再也不能被推翻的事实。每当这个念头像一块扔进冰凉、能见度极低的深水区的石头在我的脑海里回旋，扰得我整夜辗转反侧之时，我就会在仓皇之间采取挽救措施——动用另外一个念头，试图把这个念头给强压下去。这是我惯用的伎俩。

这样做的确能够取得一些效果，但是我仍能感觉到这个念头可怕的力量。该怎么说呢？那股邪恶的力量，就像是你在湖面使劲地往下摁一个倒置的水盆时，你的双手乃至整个人所感受到的那个水盆释放出来的力量——只要你的手稍微放松一点，那个水盆立马就会在那股力量的支撑下“咕咚”一声重新浮出水面。

再也没有比这更加难熬的日子了：我们一方面要在父亲面前表现出一种乐观姿态，我们要让他在我们的言行举止和态度中感觉到，他的身体并无大碍，更不是患了什么不治之症。我们只是前来做一个比较全面的检查；一方面，我们在私底下却不得不承受着巨大的痛苦。毕竟，县人民医院的结论并非空穴来风。

或许正是这样，我才在夜晚一次又一次地被噩梦惊醒。

八

这个九月，我频繁地梦见蛇。一次，我独自一人赤脚奔跑在一片灰蒙蒙的旷野。天地间一片混沌——头顶的乌云与林子间的云雾连成一片，一派大雨将至的样子。那片荒无人烟的旷野更像是战争遗留下来的废墟。跑着，跑着，我忽然就发现了蛇。只见那条隐约可见的泥土路上下，光秃秃的林子间，倒伏的草丛里，全是蛇。无数条大蛇小蛇交缠在一起，蠕动，爬行。

我被遍地的蛇吓住了，下意识地后退了两步，可哪里还有退路呢？我不敢下脚，却又不得不踩下去，然后再飞快地跳起来。如此反复。我奔跑的速度令我自己都感到吃惊，可我发麻的脚掌，还是把踩在蛇身之上的那种软绵绵的，却又挣扎着无穷力量的令人毛骨悚然的感觉，清晰地传到了我几近崩溃的神经系统。

我汗毛倒竖，大汗淋漓，脊背发冷，双腿哆嗦……我意识到这是梦境，于是我声嘶力竭地叫喊，试图摆脱蛇群的纠缠，嘴巴却像被人用胶带缠住了，不，更像是失语了，任凭我怎样挣扎，也发不出任何一点声音。我的声音消失了。

我跌进一个无望的深渊般的黑洞，不停地下坠，耳边疾风乱窜。

当然不只是梦见蛇。在另外一些梦里，父亲已经离我们而去了。我们已经被置身于一个失去父亲后的环境。每每从这样的梦中醒来，我就像一个孤儿那样，既害怕又无助，空落落的心底无限荒凉，一时竟然分不清现实与梦境，直到第二天看见了父亲，悬起来的心才踏实下来。

这些画面阴森恐怖的梦境不仅给我留下了难以消除的心理阴影——当我现在坐在电脑前回想整个事件时，我仿佛还能感觉到它们不散的游魂——还给予了我诸多暗示。

这些暗示，再明白不过。可是我拒绝领会，或者说拒绝它们把葳蕤横生的枝蔓延伸到现实生活中来。我总是用“梦与现实是相反的”这个理由安慰自己。

独角兽

一

我坐在床尾，隔着两只手臂的距离，紧盯着父亲的脸。

逆光之中，他坑坑洼洼的脸变成了一块颜色晦暗的扁平岩石，棱角模糊，爬满了毛茸茸的苔藓。实际上，那是一块吸满了汗液的海绵。我盯着它看的时候，有人正用力地拧捏着它。汗珠正源源不断地从它的内部渗出。他毛孔粗大的脸颊湿透了。胡楂丛生的下巴湿透了。喉结突出的脖子湿透了。没有经过梳理的头发湿透了。蓝白条纹相间的病服也湿透了。他虚弱的身体被一层油光滑腻的汗液包裹着。正因为如此，他暗淡无光的脸部，终于泛出了些许动人的光彩。

作为这一事件的目击者，我惊骇不已，犹豫片刻之后，慌忙跳下床，从床头柜的里侧取下父亲那条混合着香皂的芳香、汗液的酸臭味和病人所散发出来的那种特殊气味的洗脸毛巾，跑去盥洗间用热水浸湿，拧干，预备给他洗脸擦汗。

父亲憔悴的脸部，在那一束光线的环绕之下，忽然如同博物馆里没有被玻璃罩保护起来的一件展品，清晰无比地呈现于我的眼前。那些被忽然放大的局部细节，让我举棋不定，不知所措。我还从来没有像现在这样近距离地打量过这张我自认为永远也不会忘记的脸。

我把握着毛巾的右手悬在了那里。

几乎就在同一时刻，我的整个身心被一股莫名而至的酸楚裹挟——可奇怪的是，我在潜意识里闻到的却是一股碱性食物的味道，那种刚从石灰水里捞出来的青柿子所散发出来的味道，眼皮仿佛烧灼一般难受。刚刚短路过的脑海里竟也跟着升起了一种异样的感觉，好似有一团云雾飘浮其间。这真是我们的父亲吗？

我确实有过一阵短暂的迷茫。我不敢相信躺在这张病床上被医生宣判只剩下两年生存期的男人就是我们的父亲，却很快意识到坐在另一张病床边的江西女人正一脸迷惑地望着我。我有如感觉到蚂蚁爬过而痒酥酥的右脸，感觉到了她的目光以及目光里的迷惑。于是，我大梦初醒一般把悬在半空中的手迟疑地滑向父亲的脸部。

然而，就在毛巾柔软而又粗糙的触须刚刚接触到他脸颊的那一刹那，他的眼球在布满了细小褶皱的黄褐色眼皮之下就像沉睡了一个季节的冬眠动物一样努力地动了动，继而猛地睁开了那双蒙着一层薄雾的眼睛——干枯的双手也跟着颤抖了一下，他的反应就像是在某种外力的刺激下忽然发生了全身性痉挛——惊恐万状地盯着我，仿佛我是一个陌生人；神情里满是戒备，好像我要谋杀他似的——我手中尚且温热的毛巾，在他看来，或许就是作案工具。

有那么一小会儿——实际上也就几秒钟的工夫，他就那样直愣愣地盯着我，甚至还下意识地把头往床里边挪了挪，以腾出更大更宽阔的视觉空间，把我的伎俩看得更清楚一些。他混浊而凌厉的目光仿佛是从很远的地方飘过来的，在我们之间的那截空气里画出了一道弧线。它们刻意与我保持着某种不可逾越的距离。

我怀疑他真的没有认出我——即使认出来了，肯定也没有想起我的名字。他暂时失去了记忆——仿佛经过了一个极其漫长的检索名字和辨认脸孔的过程，他才确认我是他的儿子，我拿在手中的毛巾并非谋杀他的凶器。

我见证了这一漫长而痛苦的过程：他先是尝试着张了张苦涩无比的嘴，动了动沉积着几十年烟渍的牙齿，然后缓缓地解除了那种叫人有些毛骨悚然的戒备，把那两束好似能看透你内心世界的带有猜度和审视意义的目光也收了回去，继而眨了眨汗涔涔的混浊的眼睛，转动褐色的眼珠瞅了瞅输液袋里琥珀样的药液，伸出那只瘦削的青筋暴突的没有插着输液管的右手，把雪白的——实际上是灰白色的被子往下掀了掀，最后像个异常听话的孩子似的，把粗糙不平的脸、有些发红的脖子和青筋暴突的手臂，连同他无偿的信任，一一递给我，任由我擦拭。

事实上，父亲并未把他那双不再清澈的眼睛睁开——这一切只不过是出自我的想象。更准确的说法是，在我回忆这一幕时，我总是联想到后来才发生的那些事情，所以，我理所当然地认为，面对我小心翼翼的擦拭，父亲的反应本该如此。谁叫他生性多疑呢——但他确实又在配合着我，而且显得非常默契。

或许他早已被一个不祥的梦境惊醒，抑或被我力度不均的擦拭打扰，但是他不愿意把眼睛睁开。他佯装不知道我为他做的这点微不足道的事情。

父亲这样做是对的。就像这年夏天的某个晚上，我实在是困乏得厉害，没有洗澡就径直趴在了床上。妻子睡觉时，也没有试图把我叫醒，而是拿着毛巾给我擦拭汗涔涔的背部。我明明知道，却装作毫不知情。

一个从未出现过的念头在我的脑海里一闪而逝：我像是他的父亲。可事实上，他的父亲已去世多年，而且在他父亲还活着的时候，我也从未见过他们父子之间有过任何亲密的互动，哪怕是坐得离彼此近一点。

这样想来，我只是像多年前的他。那个在鸟鸣啁啾的清晨给我洗脸，在悠长的夏日午后旋转在明亮的阴影里用推剪给我理发，然后让我匍匐在他健壮有力的大腿上给我洗头的父亲。时间和一些无法预料的事情，颠倒了我们的位置。

事情自然比我们想象的要严重得多，几个月之后，我们自命不凡的父亲，几乎在一夜之间变成了一个丑陋无比而又虚弱至极的陌生人。

眼下，他身体内的那道年久失修的泄洪闸已自行宣布报废，晶莹剔透的汗液纷纷逃离它们原来的管道，如同得到某种邪恶力量暗中相助的野花在他油滑而松弛的皮肤上开得如火如荼——毛巾刚刚离开他布满了细小颗粒而又毫无弹性的皮肤，新一轮汗水几乎又在同一时间冒了出来。

他天庭不再饱满的额头亮汪汪的，滚烫如被夏日阳光暴晒了一个中午的岩石，被汗水浇灌着的身体的温度也特别异常。他就像是躺在一座正嗞嗞吐着熊熊火苗的火炉之上——他的身体几乎烫得熟一筐土豆。

我有些害怕。怕他烧坏了。怕他一觉醒来，变成了一个智力低下，满嘴胡言乱语，谁也不认识了的傻子。尽管我知道他在注射药液之前已经服下了预防发烧的白色药丸，但我还是如临大敌般，把这一情况如实地反映给了管床医生。

根据吩咐，我去护士站借了一支体温计，把父亲叫醒了，让他夹在汗津津的腋窝里。五分钟之后，我拿着那支带着父亲体温的体温计敲开了医生办公室的门。医生把体温计横在眼前瞅了一眼，对我说：体温略高，但并无大碍。属于正常反应。她建议我可以用热毛巾给父亲敷一敷，敷额头。

我惴惴不安地回到病房，拧起用热水浸湿的毛巾给他一遍遍地敷额头。直到他的体温略有下降之后，我才坐下来打开那本被我随身携带着的澳大利亚作家大卫·沃克的长篇非虚构作品《光明行：家族的历史》。我试图从折页处继续阅读，却吃惊地发现，无论怎样努力，也无法把目光聚焦在那一行行文字上。

我心烦意乱，胡乱翻着，最终还是把散乱的睡意昏沉的目光集中在了父亲凹凸不平的脸颊上——那块满目疮痍的犹似布满了无数弹孔的岩石。

这是一张无比陌生的脸。与我记忆中的那张大相径庭。事实上，每当我试图从记忆里打捞他在过去年代的脸时，总是会产生一种无以言述的挫败感。

那些出现于不同年代的面孔，在极其短暂的一瞬间，也就是在它们从像黑夜和大海一样缥缈无尽的记忆里浮现出来的那转瞬即逝的一刻，是清晰的，但没等你缓过神来，它们就如同我们在晃动的水面上望见的月亮的倒影，立即变得异常模糊，继而归于混沌；你越是绞尽脑汁地想将之看清晰，它们就越是模糊。

我越发不敢相信，这张脸是属于父亲的。尤其是在他熟睡之时——在这张扭曲变形的脸上，颧骨突出，眼袋浮肿，皮肤油腻，沉淀着黑色素的毛孔如同筛子眼儿一般密集粗大，没有一丝光泽，看起来毫无生气。偶尔，当我抬起头来，在某种神秘力量的引领下将目光落在这张脸上时，心里总会“咯噔”一下。

确实有一件事情发生了。父亲在逆光中豁着嘴巴打呼噜的画面，忽然唤醒了沉睡在我记忆中的一段文字：“我满怀深情地望着父亲瘦削、憔悴的脸庞，这张脸此刻正沉浸于鼾声如雷的活动之中，它缥缈、恍惚，已抛开粗俗的面具，诸多瞬间神情庄严地罗列开来，向我们透露这张脸正漂游在某个无比遥远的彼岸。”

这段文字，源自波兰作家布鲁诺·舒尔茨的短篇小说《沙漏做招牌的疗养院》。我惊讶于小说家的能力。他在大半个世纪以前虚构的一个画面，竟变成了我必须面对的现实。不仅如此，他还把我想表达却又不知道如何措辞的东西，恰如其分地呈现了出来。究竟是命运在世间轮回，还是舒尔茨具有惊人的预言天赋？

父亲是否在梦境中随着他的脸漂游到了无比遥远的彼岸，我不得而知，但不知道为什么——哦，这该死的想法——这个画面总是让我联想到他生命的最后时刻：他直挺挺地躺在那里，眼部朝上，面无表情，嘴巴微张，有一团镶着金边的光笼罩在他那张被阴影吞没的脸上。仿佛他已离开了我们。这真是难以解释。

每次想到这一点，我都感到特别难过，而且恐慌不已——我暗自忏悔：你怎么会这样想呢？你怎么能这样想呢？我强制性地命令自己：不许胡思乱想。抑或是在那个想法诞生之前，我就想方设法——譬如说做一番自我心理暗示，企图把它扼杀掉，但于事无补。那个该死的想法，如同幽灵，总是不请自来，防不胜防。

于是，每隔一会儿，我都要仔细观察他隆起的胸脯是否还在微微起伏，他突出的喉结是否过一会儿就会暗自滚动，他指关节粗大的手指，是否会随着他发乌的嘴角因为在睡梦中受到惊吓而一起发生条件反射般的动弹现象。

我还会留意，是否有鼾声从他黝黑的鼻孔和微微张开的嘴巴里发出。

我做好了随时把他喊醒——把他从悬崖勒马处，从死亡边缘拉回来的准备。然而我的所作所为都是徒劳。父亲就在我的眼皮子底下深陷于一个我们看不见的黑暗世界，很少醒来，唯有大汗淋漓，偶尔嘴角翕动，如同蚊蝇一般喃喃自语。

这更加加深了我的恐惧。我时常慌忙地把视线挪到那个只能在两侧各自打开一条只有一拳头宽的缝隙的窗户上——父亲在与邻床的江西男人谈起这个不尽如人意的设计时，曾分析道，这是医院专为防止病人跳楼轻生而设计的。他还说，病人如果跳楼自杀了，医院是要负责任的。

九月下旬斑驳的阳光依旧把对面一幢陈旧的职工住宅楼和一座高耸在屋顶之上的黑色水塔，照耀得通体发白。而堆满了云层的天空忽然变成了不可救药的灰色，巨大的虚无感弥散其间，无边无际。

我尽量回避着那张在室外光线的笼罩下泛出了些许光辉的陌生面孔，却又不得不过一会儿就要扭过头把它仔细地打量一番。我总是疑心，那张面孔会在我转移视线之际变得僵硬冰冷，再也无法重现它昔日的神采。

也就是从这一天开始，我有点不敢直视自己的父亲了。

二

自从住进医院后，父亲每天都会面对各种各样按部就班或者说是例行公事般的询问，而回答这些询问必须由他独自完成，我插不上手，只能袖手旁观，干着急，并在心底暗自嘲笑他。既嘲笑他的迂腐，也嘲笑他的无知。

最早的询问，来自管床护士。每天上午九点，或者比这更早，当然比这迟一些也说不一定，但一定是在医生查房之前，总会有一个护士前来询问父亲昨晚的疼痛情况，并让他根据对疼痛的记忆，自行评估等级。

这大约是一天之中最让父亲窘迫的时刻。

面对那个从未变化过的问题，他总是显得慌乱，窘迫，他心急如焚，面红耳赤，结结巴巴，吭吭哧哧，两只搁在床沿上的手，胡乱地摩挲着床单，舌苔发白的舌头在他的口腔里不由自主地转来转去。他不知道该把它安放在何处，他也不知道该如何措辞。那副样子，简直是一个不知道该怎样回答老师提问的小学生。

几天过去，他仍然没有熟练地掌握给疼痛打分定级的本领。或者说，他只是在夜晚感到疼痛，却对于疼痛等级没有任何概念，对于几个等级之间的界限更是模糊。他还不能很好地把“痛”“很痛”“特别痛”量化成阿拉伯数值。他总要犹豫半晌才能给出一个并不确定的分数。而那个分数多在“6 分”以上。

护士总是会把眉头皱起来，把准备记录数值的圆珠笔暂且搁到一边，继而对这个来之不易的分数提出质疑：“真有这么高吗？”“您要分清楚轻度、中度与重度之间的区别。”“您提供的数据是医生给您开止痛药的依据，您要不要……”她的意思是，要不要再斟酌一下。

面对这些质疑，自觉在情感上受到某种伤害的父亲，嚅动着密布铅色胡楂的嘴角，绕转着那条迟钝笨拙的舌头，滚动着那个桃核般大小的喉结，终于吐出一句还算工整然而听起来就像是据理力争的话："晚上异常疼痛，几乎不能入睡。”护士用一种夹带着些许轻视意味的目光瞥了他一眼——仿佛他是故意刁难她们似的，这才将信将疑地把那个分数记录在了“疼痛评分量表”上。

虽然如此，我还是能从她们皱起的眉头里看得出来，她们认为父亲给出的答案只是信口雌黄，并不可信。“他从来没有明白评估疼痛等级的规则，也没有意识到这件事情的严肃性。”她们一定在心里这样嘀咕。事实上，在父亲犹豫不定时，我也这样在心里嘀咕，并且替他着急。

那张表就挂在墙上。根据护士记录下来的数值，我们可以轻易地绘制出一个曲线图。图表中出现一条呈现出明显上升趋势，好像永远也不会跌落的曲线。

最初，父亲以为那种不可忍受的疼痛，对他们这些肿瘤病人而言是正常的，他以为其他病人都与他一样，日夜被无休无止的疼痛折磨着，但没过两天，他就动摇了，尤其是在与江西男人就这个问题交换过意见之后，他像两个月前怀疑自己所患之病并非肺结核一样，对我和妹妹告诉给他的那个结论再次产生了怀疑。

“我的胸部都只是隐隐作痛，并不影响睡眠。”江西男人这样告诉父亲。或许，父亲趁我不在他身边的时候，还向其他病人打听过这件事，而别人的回答与江西男人给出的答案并无不同，至少是没有得到一个与他的情形雷同或类似的答案，于是，他琢磨起了自己的问题，并且显得心神不宁。

偶尔——不，应该说是经常，他坐在床头把手伸到胸前，或者是放到肩胛骨那里，就像在黑暗中小心翼翼地试探着寻找某件具有特定形状的小东西一样，用食指、中指和无名指三根指头试探着疼痛的部位，眼神闪烁不定，脸上挂着一副自我怀疑的神情，然后自言自语般地发出这样的疑问：“怎么会这么疼呢？”

我想他也不全是自言自语。他一定是希望有人在这个时候分担他的焦虑的，哪怕那个人是一个素不相识的陌生人——如果这个人还能给他一个合乎情理的解释，那就最好不过了。可是每次，我都装作没有听见。当然，我也有可能安慰过他，甚至对他撒了谎，譬如说，你们的病不一样，疼痛的程度自然也就不一样了。而父亲，对我的解释将信将疑，闪烁的目光依然焦灼。

我不可能把真相告诉他。在这件事情上，我和妹妹一早就达成了默契。

那对江西夫妇，在我们初次见面之时，就打听过父亲的病情，当然，我们也如法炮制了，尽管这有违医院的规定——医院在电梯间和每间病房的门后，都张贴着醒目的提示语：不要打听病人的隐私。我们轻描淡写地说："检查结果还没有出来，我们还在等待。"

这样回答，就好像我们目前所经历的一切只是虚惊一场，我们还有翻盘的机会，我们不会步入你们那样的境地。我们的父亲很快就会回家的。

过了两日，当一切已成定局，我们也只是漫不经心地对他们声称，肿瘤，但是良性的，做几次化疗就好了，并无大碍。记得说这些话时，刚刚在阳台上把眼泪擦干，把充血肿胀的眼睛恢复到正常状态的我还面露微笑，呼吸平缓，极力把从内心辐射出来的条状的痛苦阻击在中途。

“不做手术吗？”江西女人好奇而又关切地问。

“由于位置特殊，在肺部的上方，不宜做手术。”我如此回答。

江西女人没有继续问下去，而是意味深长地望了父亲一眼，但很快就将目光收了回去，耷拉下眼皮，忙着给她的丈夫整理衣服去了。而我注意到，在随后的几天中，在父亲犹豫着把那个并不十分确定的疼痛数值告诉给护士时，她都会往他身上投去不易觉察的一瞥。

那目光依然是复杂的。她似乎知道了所有的秘密。事实上，在医院，所有的秘密都是公开的。譬如在胸部肿瘤科，无论是病人，还是家属，大约都知道，只有肿瘤已恶化至中晚期，已经被医生宣布失去了手术价值的病人，才会进行姑息性治疗，也就是所谓的保守治疗。

我们的父亲尽管没有什么文化，但不是傻子——相反，他聪明绝顶。几乎所有认识他或者听闻过他身世的人，都不吝用这个词评价他。他显然也知道一些，我是说知道一些常识，只是不够确定，抑或不愿意相信。

如同与风车作战的堂·吉诃德，父亲凭借着那一点从他父亲那里继承而来的聪明和依靠后天的努力从过往的经历中积累起来的有限的智慧，独自琢磨着事情的真相。

一个下午，他终于道出了那个像一只盘旋于他心中的乌鸦，让他寝食难安的疑问：“究竟是不能做手术，还是已经错过了做手术的最佳时期？”

在这个已然显得十分遥远的下午，他摆出了一副要与我推心置腹畅谈一番的诚恳姿态。一副要与我做兄弟的样子。可他并没有拿出十足的诚意。他提问时一直紧盯着我的眼睛。这一点没能逃过我的观察。

没有经过任何思索，我就把搪塞江西女人的话对他重复了一遍，而且我在说话时没有回避他的眼睛。我坦然地望着他，直到他把目光从我眼里挪开。

听到这个答复，他应该像几天前那样长舒一口气，庆幸自己的胡乱猜测纯属过于紧张的结果。但在我的记忆中，他好像没有做出这样的反应。相反，他就像是一个被嘴唇遗忘多时而变得郁郁寡欢的烟头，抑或一条刚刚失去了金色夕阳的铁青色山脉——他眼里的光，蓦地暗淡下去。

父亲是否相信了我编织的这个漏洞百出的谎言，我无从知晓，但是在往后的日子里，但凡有人问起他为什么不做手术这个敏感话题时，他就会把我的回答从记忆里原封不动地搬出来，递到那两只好奇的耳朵里。

现在，就在我回忆这次对话时，我忽然想到一个十分阴暗的问题——是的，正如你所知，在我们重温往事时，总会有当时不曾想到的念头，就跟雨季的泉水一样，会咕咚咕咚地从往事的罅隙里涌现而出——父亲是否怀疑过：

是不是我们兄妹不想凑那样一笔费用，才宣称他不适宜做手术？

按照父亲的性格，这样的念头一定在他的脑海里闪现过。我都想象得到，在那一段日子里，他一次次想张口，甚至一个音节已经在舌尖上形成，第一个字即将破口而出，却又一次次出于作为一个父亲的意识，担心我们难堪，更担心我们在他的质问之下无法面对自己……总之，有一长串理由，使他把张开了的嘴巴又紧紧闭上了。

他默认了自己的命运。他决定听天由命。当然，我们也可以这样理解：在他对生命彻底绝望之前，他就选择了原谅我们。

当我把时间再次退回到这年九月，我给父亲设定的问题，如同一道闪电猝不及防地摆在了我的面前。它就像是一双雪亮的眼睛，审判着我的灵魂。

假如父亲的病情没有恶化到那一步，还可以进行根治性治疗，我们该如何面对呢？

还记得七月份父亲在电话里告诉我一个老乡在医院做手术花了十几万时，我的心里就“咯噔”了一下。后来，当那个江西女人告诉我们他们仅仅在外科大楼就花掉了十七八万时，我的心里又“咯噔”了一下。

那不是一个小数字。凭我们三兄妹目前的经济实力，很难在短短的几天之内将之凑齐。尽管在此之前，我们都信誓旦旦地说，即使花再多的钱，也要为父亲治疗；为了减轻父亲的精神负担，我经常安慰他，“您不要操心钱的事”。

我甚至记得，就在父亲问我那个问题时，我还在心里嘀咕——将其称为抱怨或许更为准确——您只关心自己能不能做手术，却不过问我们是否有这个能力支付高昂的手术费。“他是一个自私的父亲。”不仅仅是这一刻，在往后数月间的无数个时刻，这个想法一度占据我的头脑。

果真如此的话——你肯定明白我的意思——我们或许都会在他面前暴露出可恶的本来面目：自私，无能为力，缺乏顽强的意志，怨天尤人，推诿责任。

说不定，我们还会煞有介事似的列举出不给他治疗的理由，至少，我们会搬出这件陈年旧事：十余年前，我们在一次家庭会议上郑重地劝他戒烟，甚至威胁他——如果以后肺部出了问题，我们不会管他。他很生气——他这个一家之主竟然成为众矢之的——因此回答得特别爽朗：谁叫你们管。

当年的我们，谁会想到那个为了让他戒烟而做出的假设，竟然会在十多年后变成事实呢？我们是否需要为此负责？为我们臭不可恕的乌鸦嘴。

另外一种情况，大概也没有什么不一样：即使我们厚着脸皮向所有的亲戚朋友求援勉强凑齐了那笔费用，我想，我们肯定也会在心里算计需要花多长时间才能偿还这笔债务，评估这笔债务将会给我们未来的生活造成多大的负面影响……

毋庸置疑，我们的生活质量，会在一夜之间一落千丈：我们不得不推迟购房计划，生孩子的计划，继续深造的计划，更多有关旅行的计划；妹妹的婚姻或多或少都会受到影响——没有几个人愿意娶一个背着经济包袱的姑娘；作为家庭主妇的大嫂，一定会对大哥发更多的脾气……

同样毋庸置疑的是，我们会把造成这一切的所有责任悉数归咎于父亲。归咎于他从来听不见我们善意的劝告，归咎于他嗜烟好酒的不良生活习惯。他不仅毁了自己，也毁了我们未来几年的幸福。我们会对他抱恨终生。

事实上，你已经知道，我们没有被逼上那条绝路。我们无须面对来自亲戚朋友和左邻右舍的责难——道德上的责难，也无须终身忏悔；我们也没有背上一笔数目可观以至于要花上好几个年头才能偿还清白的债务。尽管我和妹妹都找朋友借过一笔钱，但数额不大，我很快就把它还掉了。

还有很重要的一点，我们三兄妹的工作和生活，较之二〇一五年抑或二〇一六年，都有了新的起色。

可我们失去了父亲。

没有比这更遗憾更糟糕的事了。

那个下午之后，父亲再也没有向医生和我们或是其他别的什么人打听他的病情。当然了，在去世前的那一周，在那漫长的弥留之际，他已经没有力气说出一句完整而又清楚的话了。他每天都处于永无止境的昏睡之中。他的嘴唇一刻也没有停止奔跑。它们像是在与人秘密交谈。

我猜测，他之所以对这个问题不再关心，无非两个原因：

第一，他在回避这个问题。

第二，他早已知道了真相。

第二个原因当是最可信的。在后来的治疗过程中，他在无意间向我和妹妹透露了一件事情：在县人民医院办理出院手续核对账单的时候，他声色俱厉地对医生发了一通脾气。“当时心情不好。”他给我们解释道。

为什么心情不好？原因只有一个，那即是被他握在手中的那张出院证明。

而在同济医院治疗期间也发生过一件原本不该发生的

事：由于一时疏忽，我忘记交代主治医生替我们保守秘密了——我一直记得这件事，也知道它的重要性，可还是忘了——导致医生的助手在病房里处理问题时不小心泄露了父亲的病情。她以为我们已将确切的诊断结果告诉给了他。

当时，父亲正在输液，逆光仰躺着，神态疲倦，似乎没有把注意力放在医生的助手身上——而且事后，应我的请求，那位在日后也将成为一名医生的助手，借查房之机纠正了“口误”，并对父亲进行了一番鼓励，可我还是怀疑他知道了真相。我怀疑他把助手说出来的每一个字都听得一清二楚，而且过滤了所有无用的字眼，只剩下了两个字：肺癌。

当然，还存在另外一种可能，那就是尽管知道了真相，但他最终还是选择了相信我们。在接受最后一次治疗之前，甚至是在治疗的前期阶段，他对未来都还抱有强烈的期待，尽管中途他也动摇过无数次。

每当他在输液或散步途中对我们言简意赅地描绘已经在他脑海里成形的蓝图时，譬如说等身体康复后，他就把院子西南角的花园建造好。他要在那里铺上几条鹅卵石小径，种上他从新疆带回来的波斯菊，修剪好月季花和小叶榕……总会有一种十分奇怪的感觉自心底向全身蔓延。

我一直没有弄清楚那究竟是一种什么感觉，也不知道为什么会滋生那种感觉。我只记得，总有一个声音在我心间回响：他已没有机会了，可还……

望着目光里闪烁着希望之光的父亲，无言的难过取代了先前的异样感觉。我不忍心也不敢触碰自他眼角流溢而出的余光，常常将脸撇到一边，悄悄地叹息。

我们欺骗了他。我们合起伙来干了这件事。

这对他来说，是不公平的。

三

医生查房的时间，一般都在上午九点半左右。他们或许一上班就开始查房了，但当他们来到父亲的病房时，时间的指针往往指向了九点半。查房队伍一般由一名在业界享有一定声誉的主任医生、一名管床医生、管床医生的助手组成。一行四五人从病房门口鱼贯而入。原本狭小的空间，一下子变得更加拥挤。

这是一个重要时刻，病人与家属都很重视。人人都试图抓住这难得的与主任医生交流的机会——虽然他们每天都会来病区，可不容易见到——让他或她帮忙解决最新出现的棘手问题。所以，当医生们拥进病房时，出于尊敬，抑或是出于礼貌，当然，也可能是出于某种本能，病人都会从病床上坐起来。

但是，我很少见到父亲会做出这个动作。他会一直仰躺在病床上，斜睨着眼睛回答医生的提问。我担心医生不悦，多次提醒他应该坐起来与医生交流，可他依然如故。而且令人费解的是，每当这个时刻来临，我就发现父亲的脸色差到了极点，用“面如死灰”这个词来形容他的脸一点也不为过。

这时节的父亲，看起来确实极度虚弱——就连他自两片薄而发乌的嘴唇里吐出来的话也显得虚弱至极。同一句话，哪怕是一个简单的词汇，往往都需要他重复一遍抑或两遍，或是通过我的翻译，医生才能明白他的意思。他吃力说话之时，整张脸庞都溢出了痛苦的汁液。眼神里被他努力聚集起来的那么一点光，如同燃烧殆尽的火把的微光，正迅速消失。仿佛过不了多久，他就要离开人世。

正如我担心的那样，医生们集体皱起了眉头。他们默哀一般地，要么把双手交叉在小腹前，要么倒剪于背后，要么把一张纸片或者一个笔记簿端在胸前，立在病房中间刚好容得下一张行军床的空地上，望着虚弱的，仿佛过不了多久就会离开人世的父亲，表情凝重而复杂，眼里闪烁着诸多不可言说的内容。

那一刻他们都在心里怎样评价父亲以及他的病情呢？我不知道。作为家属，我感到有些难为情，想说点什么，但终究什么也没有说，只是与他们一道把略微带有一点责备神情的目光落在父亲脸上。那是一块久经风吹日晒的礁石。瘦削，脆弱，苍白而又暗淡，正缓缓下沉。

空气旋转起来，房间里形成了一个旋涡。心跳声忽然变得特别巨大，如同膨胀的气球，在房间的各个角落里飘荡。江西女人停止了所有的动作，转过脸来悄悄地打量着精神萎靡的父亲；躺在床上的江西男人，也把脸转了过来。众目睽睽之下，父亲目光游离，闪烁其词，不知道该把它们安放在何处。他感受到了无形的压迫。

他是无辜的。最终，他把游离的虚弱的目光从医生们身上移开，定格在了看起来如床单一般雪白，实际上却呈现出某种灰色的天花板上。但是，如果你仔细观察的话，就会发现他其实并没有把目光定格在某一个固定的点上，而是盯着一个你无法捉摸无法定义也无法定位的地方。他喉结滚动。一只幼鼠在爬动。

穿着雪白大褂的医生们静默了几秒钟，把手中的圆珠笔别入胸前的口袋，又瞥了一眼毫无生气的父亲，然后悄无声息地离开了病房。我站在床尾的那个角落目送他们，但他们似乎没有注意到我的存在。没有一个人对我点头示意。或许是父亲的表现让他们感到压抑，沉重，甚至还有些厌恶或反感吧。

刚刚住进医院的病人不应该是这样一副精神状态——说不定他们边走边在心底这样嘀咕。即便一直站在原地，隔着一堵厚厚的墙壁和那道逼仄的自然光与白炽灯光相互交错的走廊，我也能够看到，他们走出病房后，不是继续保持半分钟之前的静默状态，就是在交头接耳，简短地交换对父亲病情的看法。

他们的脚步声连同背影转瞬即逝，可父亲依然保持着原有的姿势。

他像一条缺氧的鱼，薄而发乌的嘴巴微启，目光越来越短，视线越来越弱，像极了一团正在风中挣扎着的行将在瞬间熄灭的蜡烛的火苗。你无法知道他在想些什么。我猜不透他的心思。我至今都不能理解，他为什么要把最消极的一面毫无保留地展示在医生面前。他明明可以振作起来的。可是他没有。

他难道不知道，任何一个人目睹这样一幅死气沉沉的画面，都会产生不适感吗？我想医生也是如此，尽管他们见惯了这样的场面。

他一个人在病房时也是这样的吗？记得有一两个上午，在医生查房之时，我因为下楼办事没有及时返回病房而被严格执行医院纪律的保安用那道蓝颜色的门隔离在了病区之外——好像也有那么一天或两天，我和其他病人的家属被保安轰出了病区。他是怎么面对医生的呢？

这是一个谜。

当然，在查房期间，父亲也不只是一直仰躺在那里接受医生们——当然也包括那对江西夫妇和我在内——的集体注视，他也如实地反映了自己正承受着的痛苦。从第一次住院到最后一次住院，他给医生反映的问题都包含着最重要的一项内容：疼。后来又多了一个直到弥留之际也没能得到妥善解决的问题：便秘。

那个时候，父亲已经需要借助医生开给他的安定片才能在夜间勉强入睡了。我总是怀疑他私自加了量，因为安定片很快就没了，连医生都感到吃惊——我有时还会担忧，他是不是把安定片藏了起来，等藏到了一定的数量，就像电视剧里那些对生活感到绝望的人那样，将它们全部吞进腹中呢？

而关于止痛药的服用量，我和父亲一度发生过分歧。我记得清清楚楚，医生让他每隔十二小时服用一片——有可能是奥施康定，有可能不是。可他在十二个小时之内，总是还要吃一两颗他自行购买的芬必得。他给这个行为取了个非常生活化的名字：加餐。

我对父亲这种自作主张的行为提出过批评，至少是异议吧，他非但不听，还对我表现出极大的不耐烦，差不多就要火冒三丈了。他下意识地维护着作为父亲不容挑战的权威，梗着脖子对我声称，“加餐”行为并非他擅自行事，也不是记性不好，而是得到了医生的许可的。我不信。他更火了，脸上摆出一副长话短说，不愿与我在此话题上继续纠缠的架势。仿佛他手里掌握着不容辩驳的真理。

“他总是这样。常常为了一点鸡毛蒜皮的事情，就可以与人争得面红耳赤，就跟吃了火药一样。”

联想到在过去的二三十年间我所见证过的往事，我在心里如此数落父亲的不是。现在呢，我对这个问题倒是有了新的看法:很多时候是我们误解了他。他就是这样说话的。他说话的语气就是这样不中听。

根据丰富的临床经验，医生们很自信地认为，只要按时按量地服用了那些药物，父亲晚上的睡眠质量应该是可以得到保证的。但是结果并不理想。

面色晦暗、眼圈发黑的父亲，几乎每天都会在我们面前重述他不能睡觉的痛苦。偶尔，他还会近乎哀叹般地在灰色的时段里喃喃自语：一天到晚都没合过眼。这样下去，该如何是好？他叽里咕噜的声音很低，低得简直听不见，仿佛它们是从他早年受过两次重创的下巴上传出来的，是从他的后背或者胡须上传出来的。

这个问句，让我和妹妹面面相觑。他的意思再明白不过，如果睡眠质量长期得不到改善，那么，最终夺去他性命的很有可能是恍若一头庞然大物的疲倦，而不是疾病。我们认为他故意夸大其词，甚至隐瞒事实。他所说的“一天到晚都没合过眼”，并不符合事实。

真实的情况是怎样的呢？他明明睡着了，就在我们的眼皮底下，就在他输液之时。我和妹妹以及那对江西夫妇都是见证者。如果一个人睡着了还能通过某种方式看见自己睡姿的话，他一定可以看见这样的画面：

他仰躺在病床上，眼睛自然而然地闭合着，但没有完全闭紧，眼皮覆盖的下方翻出一角爬满了纤细血丝、颜色发黄犹如患了黄疸症的眼白。看上去，就像他在睡梦中分出了一部分元神，悄悄地把窗户打开了一条缝儿，躲在那里偷偷地打量我们的一举一动。

他爬满了一圈铅色胡楂的嘴巴自然张启，露出一部分若隐若现的牙齿和黑乌乌的口腔，有忽急忽徐忽重忽轻忽粗忽细的鼾声，从他堆积着黑黄两色烟渍的牙齿间和潮湿的鼻孔里没有规律地传递出来。鼾声偶尔会忽然中断，或者是被急促地收回去，但待他侧过脸或是调整了一下睡姿后，会再次响起。

可是父亲对此予以否认。

他强调说，没有睡着。

他争辩说，哪里睡着了。

他继续说，有没有睡着，我自己不知道？

说完这些，他的脸上已露出大面积的懊恼之色，那是带着怒气的血液在短时间内往一个地方汇集的结果。那种迥异于平时的面部表情一直延伸到了耳根那里，甚至连他发乌的耳根都变成了红色。我知道，是我们的怀疑惹恼了他，是我们的不信任伤害了他。

我们不该怀疑自己的父亲。他肯定是这样认为的。

难道他对发生过的一切都浑然不觉吗？我和妹妹再次面面相觑。我们在彼此的目光中读出了同一句话：他在撒谎。

事实上，如果仔细思考一番，这个谎言其实是值得原谅的。我们在生活中见惯了这样的事情，比如只要把头靠近凹陷下去的枕头就发出雷霆般的鼾声和咯吱咯吱如同猫啃鼠骨般的磨牙声的人，都不会知道他们给不幸与他们同睡一房的人带来了一场什么样的灾难。第二天，他们还会拍拍你的肩膀，然后若无其事地问：昨晚睡得好吗，我没有打鼾吧？而我们往往都会给出一个礼貌性的回答：还好。

可我们当时并没有这样想，更没有对他的行为与言辞之间所表现出来的那种显而易见的矛盾进行分析。我们只是认定，我们的父亲，这个平日里谎话连篇的男人在撒谎。直到数月之后，我才意识到，他是清白的，他没有撒谎。我们看见的那些画面，只是假象。

父亲在进行一场事先就导演好的表演。或许是唯一的解释。除此之外，我想象不出其他比这更为合理的理由。而在这场表演中，观众不是医生，不是护士，不是邻床的江西夫妇，不是我们，也不是那些成天游荡在医院里面，我们无法用肉眼看见的事物，而是他这个表演者。我们的父亲，在表演一幕幕独角戏。

这个结论自然相当拗口，不容易被理解，但理由充足。难道不是吗？我们都应该知道，每一个病入膏肓的病人都会面对（而且还会慢慢接受）这样一个残酷的事实：从他跨进医院大门的那一刻开始，他就变成了一只独角兽。

一只需要独自面对一切未知事情的独角兽。

一只需要面对自己的独角兽。

一只需要面对自己命运的独角兽。

事情就是这样怪异：一旦厘清了头绪，之前如同火山一样沉睡的记忆忽然复苏了，一些在当时恰好被我在无意间瞥见，但没有引起我的重视，随即就被遗忘了的被扔掉了的细节，也像冰山一样缓缓地浮出记忆之海，变得清晰起来。这个过程，就像是我手拿一架高倍望远镜，把原本距离我十分遥远的景色拉到了眼前。

当我在漫长的夜晚一遍遍咀嚼这些如同电影慢镜头在我眼前不断变幻的往事时，我对自己的判断就更加确信无疑了。

四

第一个上午，也就是二〇一五年九月二十二日上午，当护士推着一辆装满了输液袋的小推车步入病房时，父亲已经躺在了病床上，他似乎早就在等待这一刻的到来，并做好了相应的准备。但很显然，他的准备工作还没有完全做好，至少是还有一道至关重要的工序没有完成。

我之所以这样说，是因为我注意到了他的惶恐与不安。按理说，在此之前他已经接受过那么多次的预演，应该能够平心静气地对待这件事情了，但实际情况并非如此。他一直用一种不安的眼神注视着护士的一举一动，眼睛一眨也不眨，生怕遗漏或错过任何一个细节。似乎任何一个细节，对他而言都无比重要。

我记得他还欠了欠上身，尽可能地扬着沉重的，就像有一群蜜蜂在内部嗡嗡作响的或是就像压着层层积雪，已经变得麻木混沌的脑袋——这个动作使得他涨红了的脖子上青筋暴突，颈部上方的两条软骨异常突兀——以便好奇的目光越过眼前并不存在的层层障碍，落在那些印着蓝色小字的输液袋上。

他大约是想辨认出那些药液的名称，继而根据自己对于药物的认识揣测它们的功效，最终借此确认自己的病情。

如果把镜头再放大一些，放慢一些，我们还会发现，他不安的眼神儿其实是闪烁着的，仿佛眼前飘浮着一层薄薄的水雾；而且在整个过程中，他的喉结从未安静下来。它一直在上下滚动。一只幼鼠在爬动。

我想，他的心里应该是徘徊着不少疑问的，而且这些疑问已经顺着食道攀爬到了嗓子眼上。然而正待他开口时，护士先发制人，“爹爹，打哪只手？”

父亲犹豫了一下，嘴角嗫嚅，并用眼角的余光将两只手扫了一眼，然后慢腾腾地递出了放在床沿一侧的左手。“就这只吧。”他无可奈何地说。

这是一只扭曲的变形的手。整条手臂以及瘦骨嶙峋的手背上都暴突着青色的血管。那些血管粗犷，凹凸不平，像极了因为贪吃太多的青色泥土使得周身都变成青色的蚯蚓。它们在他粗糙的黝黑的失去了水分的皮肤下边倔强地爬行。好像随时都会从哪个毛孔里钻出来似的——它们还没有意识到正在迫近的危险。

我把目光停留在这只手上。我们三兄妹或多或少都遗传了父亲的外形特征，而最明显的标志，便是手。外人只消看一眼我们的手，就可以认定我们是一家人。我们的手就像是从一个模子里印出来的：手指粗长，指关节粗大，皮肤粗糙。

我一度为这双看起来没有一点美感的手感到自卑。我总是将它们揣在裤兜里，或者是藏在桌子底下。我不敢让它们在公共场合露面。我害怕别人用打量怪兽的眼光打量它们。它们会感觉到不自然，会情不自禁地握成拳头状，会有细密的汗液从皮脂之下分泌而出。

当然也有显著的区别。父亲的手远比我们的宽大，也更加粗糙，皮肤如同他收藏在抽屉里用来打磨粗粝之物的砂纸。

我还要将这只手描述得更细致一些：他的每一根指头的指甲，都像非洲的犀牛角一样厚实，尽管表面光滑，但形状怪异，长短参差不齐，而且充满了病态的凹凸感。指甲盖嵌入肉体的那一道弧线上布满了形迹可疑的污垢。掌心里长满了已经高度角质化的老茧。亮晶晶的老茧。这是他常年从事体力劳动的结果。

这不像是一只手。更像是一只与岩石交锋过无数次的爪子。一截与时间对抗了无数个日日夜夜的栎树皮。干枯的栎树皮。无法再生长出绿叶和鸟鸣的栎树皮。

如果用这样的一只手抚摩你的脸，你一定不会感到柔软。因为它像钢铁一样坚硬，像磨刀石一般粗粝，像机器人一样笨拙。你只会感到硌人和疼痛。

这时，父亲慢腾腾地把这只瘦骨嶙峋的千疮百孔的跟道具一般无二的，皮肤呈现出某种形容不出的黄色的或淡紫色的——想起来了，那种颜色如同被滚烫的开水滚过之后的鸡爪的颜色。某个冬天，母亲就说他的一双手像鸡爪子一样难看——手递给了年轻的护士，任其处置。

他目不转睛地盯着护士操纵他的手，而且乖乖地听从她的指令，笨拙地做出握拳的手势——手背上形状与分叉的树枝一般无二的静脉血管，在几秒钟之内就急速地膨胀起来，眼看着就要爆炸了。

然而，就在那个年轻的护士把针头扎入他手背上的一根静脉血管时，他迅速地把头扭向了另一侧的墙壁，半个嘴巴与同一侧的那只眼睛扭结在了一起，那只手也条件反射般地往他怀里收缩了一下。那个亮晃晃的针头实在是太粗太大了，其个头几乎是普通针头的两倍。

这一幕，不啻于一桩小小的暴力事件。作为目击证人，就在护士将那根硕大的输液针异常冷静地扎进父亲皮肤的刹那，我也在陪父亲受罪，不仅我的左手情不自禁地颤抖了一下，心里竟也像被扎了一针似的，隐隐作痛。

“不疼吧？”护士一边用医用胶带固定住针头，一边用一副职业性口吻关切地却又像是打趣似的问。

“不疼。”父亲扭过头来用不高不低的声音回答道，嘴角甚至还挤出了一点笑容。可在他那并不十分肯定的语气里，我听出了些许故作英雄的成分。

为期三天的化疗从这一刻正式开始了。

这是一个不平凡的开端。似乎一切都会好转。父亲会好起来的。一定会。不然我们为什么还要替他治疗呢？可医生宣布的那个结论，如同一块坚硬无比的骨头，深深地卡在我们的喉咙里。我们既不能把它吞到肚子里去，也不能把它吐出来。除非有奇迹发生。是的，除非有奇迹诞生。

“一切都是命中注定。”以前，当父亲在饭桌上或客厅里与人谈及某些他们共同认识的人的不幸遭遇时，他总会抛出这句话。仿佛这句话是一把用来解释那些超出我们情感接受限度的突发事件之所以会发生的万能钥匙。

换言之，在父亲眼里，一切的罪恶与不幸，都因这句话而生。

可这个世界上哪里存在什么万能钥匙呢？在此之前，我已查阅过无以计数的有关化疗的资料——这让我自觉对这种治疗肿瘤的传统方法有了一个比较全面的了解，包括它的优点与缺陷，可事实上，我对它仍然一无所知。

最初，我以为化疗的过程是相当恐怖的。在我的想象中，那些药品会在病人的身体里发生剧烈的化学反应，譬如会像遇到冷水的生石灰一样汩汩沸腾，或是会引发小面积的燃烧现象，而由此产生的高温，会不可避免地烧焦病人的皮肤和血管。这种以毒攻毒的治疗方法，一定会让病人身心俱碎。

那段时间，我和父亲几乎每天都会路过医院的放疗中心。中心门口挂着一个十分醒目的标志。不知道为什么，每次路过那里，但凡看见那个看起来有几分凶神恶煞的标志，我的心跳就会无端加快，甚至还有莫名的恐惧在身体里急剧升腾。我总是会加快脚步，并且佯装对那个标志视而不见。我不愿在那里多停留一秒钟。

那是一个不祥之地。我在心里如此暗示自己。估计父亲也抱有相同的想法，有一次，我在无意间瞥见他的眼里掠过一丝不安。而那时，他恰好把目光从放疗中心幽暗的门口收回来。门口恰好站着一个目光涣散、一脸焦黑的病人。

我以为父亲也会来这里进行治疗，而且还暗自担心我一个人是否应付得了即将出现的局面。可医生说，不需要，就在病房里，而且是静脉注射。我终于放下心来，父亲不用背负我幻想的那些心理负担了——它们很有可能将他残存的希望吞噬得一干二净——而我们也有了足够的理由：隐瞒真相的理由。

您看，不就是打几瓶点滴吗？没有什么大不了的。

我用这句话安慰父亲。

父亲机械地点点头。或许根本就没有点头，只是轻轻地应了一声：嗯。

可当我把那个打印着父亲每天需要注射的药液名称的单子从床尾上拿起来时，当即就傻眼了。密密麻麻的一大摞。一、二、三、四……数下来，将近十种不同名称的注射液。里面有我熟悉的名字，譬如氯化钠，但更多的是陌生面孔，譬如培美曲塞，顺铂。我不知道它们长什么样子。想必都是面目狰狞的。

把这么多静脉注射液注射进血管，父亲的身体会不会像青蛙的肚子那样鼓起来？这个令我自己都感到吃惊的问题，就像久违的灵感受到了神灵的召唤，忽然从天而降，盘旋于我的脑海。但它不是我求之不得的灵感，自然也就不受欢迎。

童年时，我们会把自己装扮成大夫，使用从镇医院门口捡来的注射器，强行给青蛙“打针”。看着那个像气球一样急速膨胀，即将发生爆炸的圆鼓鼓的肚子，还有那双随着身体一同鼓胀起来的冒着水泡的眼睛，我们总是发出肆无忌惮的笑声。

那个时候，我们热衷于这类游戏，从未在小动物或昆虫无辜而绝望的眼睛里意识到自己的残忍，也没有觉察到自己的双手沾满了血腥味。

哪里想到，二十多年后，我们不再年轻的父亲，竟在一夜之间变成了一只命运与那些曾经被我们随意践踏过的小动物如此相似的人。在黑夜中，他是否会变成一只青蛙？

我把单子递给了父亲——自然是应他的要求。他用右手拿着单子，睁大了那双困顿萎靡好似也冒着水泡的眼睛，认真地逡巡着，两道逐渐扭结起来的目光在单子上上下移动。他喂养在喉结处的那只幼鼠又开始不安分地滑动了。

或许就是在把单子还给我的那一瞬间，他做出了一个郑重的决定：用睡觉这种方式来打发漫长难熬的时间。

事实证明，他的这个临时决定是明智的。因为要把所有的药液输完，往往需要一整个工作日的时间。从上午九点一直输到下午四五点。而且还需要保持较快的输液速度。更不能出现什么意外。

第一天就很不顺利。那是在准备注射顺铂的时候——如果记错了，那就应该是培美曲塞，一种需要避光保存的注射液——父亲醒过来了。他的眼睛随着视力的恢复渐渐睁大，头离开床面，微微昂着，有一层不易察觉的雾气自他脸上消散，又忽地聚拢。就像被人猛地泼了一盆冷水，那张倦意十足的脸在刹那间清醒过来。

我们的父亲醒过来了。在他放大了的黑黄相间的瞳仁里，各自出现了一只惊慌失措的松鼠。它们怀抱对未知事物——或许是一管黑黝黝的枪口，或许是一张竖立着两排比刀尖还要锋利的肉齿的嘴巴——的恐惧，吱吱乱叫着。

这副神色，我并不陌生。那是他在走路时因没有留意脚下忽然一脚踩空而在拼命稳住身子的间隙所流露出的神色。而这一次，是因为他望见了那个套在输液袋外面如同牛皮纸袋的避光装置和深褐色的避光输液器。

我目睹了这一切。我仿佛看到父亲颤抖的身体骤然缩成一团，手和脚紧紧抱在一起，并像一个急需寻求庇护的孩子一样不顾一切地往角落里挪动——事实上他并没有这样做。我似乎还听到了他巨大的心跳声。它们就像一颗颗被赶出天庭的石头，要从他高高隆起的胸口滚落而出。

护士并未留意到这些。“第一次注射这种药水可能会导致心慌，所以刚开始时打得慢一点。不过，一般都不会出现这样的情况。”她善意地提醒道。

父亲机械地点点头，然后忐忑不安地看着护士将流速调节器调到了一个适中的位置。

护士离开了房间。跟露珠一样晶莹的药水开始匀速地滴落下来，只不过流速异常缓慢，慢得简直叫人发疯。因为你根本就感觉不到它们在流动。它们就跟凝固了一样。经过漫长的等待，好不容易才会滴下来一颗。

我坐在床尾的椅子上百无聊赖，头脑发涨。“那么大一袋子药水，按照这个速度保准儿得滴上三天三夜。”我强迫自己读大卫·沃克的那本书，却无法集中注意力；时间一分一分过去，可我手中的书不曾翻动一页；那些刚刚看过的句子，仍然陌生得如同首次相见。

我被一种相当恶劣的情绪左右着，坐立不安。

那种感觉简直糟糕透了，就像是你恰好一屁股坐在了蚂蚁的巢穴上，无数只蚂蚁闻讯倾巢而出，为了驱赶你这个入侵者，它们疯狂地噬咬着你的肉体。而你又被别人摁在那儿，不能动弹丝毫。你有过这样的经历吗？

可我不敢离开自己的岗位。我必须坚守在那里，直到输液结束。父亲在一旁不安地转换睡姿，痛苦的表情在他的脸上宛若雨天黯然的光线一样晃动。我看见了那些不易察觉的波纹，灰色的波纹——两个月之后，这些波纹深深地勒进了他松弛的脸部皮肤。它们改变了那张脸的形状。

在父亲把眼睛闭上之前，我先后两次应他的要求，把流速调节器的调速轮往紧处拧，差不多就要把输液管卡住了。

时间停止了呼吸。

可并非世间万物也都跟着停止了呼吸。

我暗自吃惊，父亲下巴上的胡子就跟打了激素一样，已在不知不觉中淹没了他刻薄的嘴唇。整张脸庞眼看着也将被淹没。他在清晨才修剪过的脸庞。除此之外，我还发现他身体的许多部分都发生了惊人的变化。不是这里变得臃肿，就是那里瘦了一圈。他几乎变成了另外一个人。一个让我升起某种厌恶感的陌生人。

我试图运用意念把记忆中的那个父亲从一片灰蒙蒙的黑色森林里呼唤出来，以掩盖某种难以承受的事实。我做到了。我看见了不同时期的父亲——尽管我看不清他们的脸，但我认定就是他。他们习惯性地咳嗽着，佝偻着背。可是他们都不能走到我的眼前来。他们远远地徘徊在一道锈迹斑斑的铁栅栏后面。

这道不可逾越的栅栏，正是眼前的父亲。是他那具变形走样的身体。是他那张爬满了疲惫的胡子和灰色阴影的脸庞。

就在此时，父亲睁大了他那双被痛苦和恐惧这两种具有天然血缘关系的心理所填满的眼睛，其模样如同一只挣扎在死亡边缘的长颈鹿——他终于凭借着即使在睡眠状态也依然生效的求生本能，冲破层层鬼魂布下的迷迭雾障，冲破道道群山般逶迤绵延的幻觉藩篱，成功地逃离了一个遥远梦境的纠缠。

他高高隆起的胸脯，如同一架破败的风箱，剧烈地喘息着。那个架势，好像它随时都会中断工作，会有一个冗长而沉闷的响声打破病房里的宁静。

我看见一只重若千斤的手正压迫在他的胸口。

护士闻讯赶来，从容地问父亲，怎么了？脸色苍白的父亲像看见了救星一样，比正处于风暴中心的烛光还要恍惚的眼神亮了一下，然后有气无力地回答道："心——慌得厉害——"那个嘶哑的声音，就像是从他的喉咙深处传导出来的一样，让人产生穿洋越海的错觉。他苍白的脸，随时都有可能融化。像冰块一样融化。

出于一种无法说清楚的原因，我认定他的头也在发晕。他全身的血液都汇聚到了他略微有些秃的头顶。他的意识如一片羽毛飘浮在空中，而他的身体正往一道深渊里坠落。这种感觉对他而言并不新鲜。三十多年以前——抑或四十多年前的一天，他的身体就在一种不可抗拒之力的吸附下，不由自主地往一条翻滚着的黑色河流里坠落。他的右手攀住了病床的扶栏。一根想象中的稻草。

护士见此，果断采取了措施。她熟练而从容地拔下瓶塞穿刺器，换上了氯化钠。做完这一切，她又瞄了父亲一眼，对我说，打这种药水，或多或少都有些不适，但从来没有见过反应像你父亲这样过激的病人。先用生理盐水冲一冲。等他感觉好一些了再换回去。

或许是氯化钠冲淡了顺铂或培美曲塞的浓度，父亲高高隆起的胸脯渐渐平静下来，脸上吓人的苍白也像潮水一样退去。如同一个刚刚经历了一场风暴的人，父亲平躺在病床上，一语不发，若有所思地凝视着某个并不确定的地方。

世上果真存在上帝的话，我相信在这个九月下旬的中午，上帝是现身了的。他就站在病房里的某个地方，一脸怜悯地俯视着父亲。而父亲也看见了他。一个白胡子老头。上帝的化身。他们就像一对久别重逢的父子那样对视着——

尽管他从未从他父亲的眼里获得安慰或力量。忽然地，父亲布满褶皱的目光就潮湿了。

这天，当经历了一波三折的父亲——中途，他甚至向医生告饶，能不能不打那袋让他心慌的药水了，那袋价格最昂贵的药水——把所有的静脉注射液输完时，已是深夜，整个病区都已进入了睡眠状态。

我走出病房时，一股由熟睡动物分泌出来的类似腐肉般的难闻气味扑面而来，分贝不一抑扬顿挫的呼噜声，像一根根抛物线在并非完全让人辨认不出任何轮廓的病区此起彼伏，并有隐约可闻的回声在墙壁之间飘浮回荡。混浊而又浓稠的空气，被那些旋转着上升继而向四周扩散的气流，掀开了一道道细小的裂缝。

就是在这一天，意识和行为均受制于惯性思维与往日经验的父亲，在无意间找到了另外一把——对他而言——与“命运”同时存在的万能钥匙。他用这把钥匙打开了一个完全封闭的空间并把自己反锁在了里面。直至弥留之际，他仍然把它牢牢地抓在手里。他们已成为一个不可分割的整体。

这把帮助父亲渡过了难关的钥匙，我相信对人类乃至整个动物界而言，都具有巨大的魔力。它就像一位法力无边的巫师，可以让人暂时忘却身体正在承受的痛苦以及由此产生的恐惧。这把万能钥匙，有一个人人皆知的名字：睡眠。

这样的分析看起来近乎完美，“应该就是这样。”“对，应该就是这样。”但是，我又不得不站出来推翻这个结论，因为我知道是怎么回事。至少是现在知道了——时间让我终于看清了这件事情的本来面目。

但要是从更严格的意义来说，这还不是最准确的说法。

每当一袋药液快输完时，父亲都会从遥远的梦境中醒来，提醒我该呼叫护士前来换药了；一些时候，我坐在那里昏昏欲睡，把父亲以及他正在输液这件事忘记得一干二净，是他自己摁响了呼叫器；他呼噜呼噜的鼾声骤然停止，我感觉他正打量着什么，但当我朝他投去疑惑的一瞥时，他又悄然闭上了眼睛……

是这些已经被一层薄薄的尘灰覆盖了的镜头，在某个时间点上，受到一股隐秘力量的推动，艰难地穿越往事的迷宫和意识的隧道，还原了真相。

这就是我想说的。

巴别塔

一

我正处理琐碎的工作，母亲的长途电话不期而至。当我在手机屏幕上瞥见“妈妈”这两个字时，没有任何缘由地，心跳骤然加速，扑通扑通地狂跳不已。一个预备多时的念头，疯狂地盘旋于我的大脑皮层，挤占了我脑袋里所有的空间。

我用食指划拉了一下接听键，却没有立即说话，而是深吸了一口气，神情紧张地顿在那里——至少顿了三秒钟。漫长的三秒钟。我是故意的。

“你在做什么？”见我不吱声，母亲劈头盖脸就是这么一句。语气阴沉严肃，果断坚决。我更加确定，已经有什么不幸的事情不可逆转地发生了。

我快速撤离办公室，来到办公大厦的侧门外。大厦顶层，正翻滚着冬日常见的那种既像群山又像怒吼的波涛一样绵延不绝的云块。天空正在酝酿一个阴谋或一场暴风雪。我头皮紧绷，好似头顶压着一块巨石。

谢天谢地！母亲要告诉我的，并非那个坏消息。

只是在这个像一颗石子那样被上帝随意弃置的冬日下午，我们行事风格一向强硬的母亲，变成了一个倾诉者。她的倾诉，喷吐着愤怒的火苗。而那些火苗，无一例外地都烧向她的丈夫。

我不喜欢这个样子的母亲。她在电话里唠叨个没完——噼里啪啦地控诉父亲的种种不是，根本不容我插嘴。但凡我准备转移话题，或者在言辞里流露出这样的意图，她就会加快语速，不由分说地打断我。

我异常烦躁，胸腔里缓缓升起一团火苗。我三番五次地试图使用语言暴力打断她的倾诉，草草地结束这一场并不令人愉快的通话，却又于心不忍。

我时而在那儿转圈，时而垂头丧气地站立原地，却不敢让电话远离耳畔——如果母亲发现她的倾诉得不到一丁点儿回应，譬如听不见“哦”“嗯”“唉”等语气叹词，哪怕只是一声装模作样的叹息，她就会因为受到轻慢而愤怒地挂断电话。我了解自己的母亲。

她筹谋已久的倾诉，虽然纷繁杂陈，并无任何条理，但指向明确：她的丈夫也即我们的父亲，对她态度恶劣，已至忍无可忍的地步。

整个事件的导火索，源于前不久的一个清晨。那个灰蒙蒙的冬日清晨，母亲执意要去村子里的一户人家种土豆，却遭到父亲的激烈反对。据说他像一头咆哮着的狮子，从蓬乱的头发到扭曲变形的脚指头都喷吐出烈焰般的盛怒。

“我以为他病了，性情会变得温和一些，哪里料到会变本加厉。你不晓得他当时有多凶。”母亲说，“我又不是他雇用的长工，这几十年来都任他吆来喝去的……他从来就没有把我当成他的女人看待。”

沉默了一会儿，母亲开着那辆她早已驾轻就熟的语言的挖掘机，把父亲数十年来不称她心的表现挖了个底朝天。我们的父亲，那个正经受着疾病折磨的男人，在她充满了怨恨的倾诉中，变成了一个劣迹斑斑的人。

“您要对他好一点，否则以后会后悔的。”我终于不堪忍受她对父亲漫无边际而又缺乏确凿证据的指控，打断了她一个人的独语。

“早点死了算了，没什么稀罕的。”母亲停顿了一会儿，冷不丁地冒出这么一句。愤怒的火苗依然在她的舌尖上嗞嗞燃烧。

我不敢将真相告诉母亲。我担心那个被我们隐瞒多时的真相，会在瞬间将拥有一颗坚硬之心的她击垮——直至父亲病逝前夕，她才知道她的丈夫所患何病。我们一直告诉她，父亲的病情虽然十分棘手，但没有性命之忧。

而事实上，彼时的父亲，已在省城做了好几次化疗，身体在两三月间一溃千里，更要命的是癌细胞已经发生了不可逆转的转移，来日无多。虽然我们也不曾把这一真相告诉他，但是他凭借直觉以及身体反馈给他的信息，已然意识到前景惨淡。

正是在这样的时刻，或许是出于逃避那种死气沉沉的家庭氛围的目的，母亲把父亲丢在家里，让他自行应付一日三餐，于是，被他豢养在身体里的那头狮子，终于挣脱那条隐形的并不结实的铁链咆哮而出，也就不足为奇了。

而这一切，大约都是因为母亲选择了相信我们精心编织却又漏洞百出的谎言。她以为她的丈夫真的会好起来的。假如我们从一开始就将真相告诉母亲，她会如何表现呢?

“大约也不会有多少改变。”一个声音告诉我。

这个声音或许来自父亲。也可能是任何一个了解母亲的人。

二

发生于这个冬日下午的事情，时时造访我闭上眼睛时在额前自然生成的那块闪烁着无数金色光斑的黑色幕布。像是一条埋伏在时间之海里的线索，一个进入事物核心的切口，一道嵌进身体里尚未完全愈合的伤疤……无论是哪一种，它都指向我的父亲和母亲以及那些被他们深藏心底不愿意公开实际上已经腐朽或已荒芜成一张落满了灰尘且漏洞百出的蜘蛛网的秘密。

那些秘密，既像人们无法用肉眼瞧见的灰色云团，笼罩着我，也像无法摆脱的影子，跟踪着我，纠缠着我。

你或许已经觉察到，我特别不愿意谈及他们。就像有那么一段时间，但凡有人触及出生地这个话题，我总是避之不及——“哦，一个小镇上”或“江边的一个小镇”。我不想将身世暴露在他人面前。与此相似，并非他们的身上没有故事，而是他们让我感到羞耻乃至愤怒。

梳理他们三十余年的婚姻生活，温馨的时刻屈指可数。在过去的许多年里，哥哥，妹妹，还有我，都生活在一片硕大无朋的蘑菇云状的阴影里。那是一片随时都有可能发生爆炸的阴影。我们终日夹着尾巴，像被猫监管的老鼠一样战战兢兢地活着。我们都不知道自己是怎么长大的。

那个漫长得好似没有尽头的时期，简直是一条难以逾越的大河。

事实上，我们兄妹——哥哥将近不惑，妹妹也至而立之年，而且我们都远离故土——到现在也没有跨越那条大河。很可能永远也跨不过去。因为存放在那个神秘的我们谁也不曾见过的黑匣子里的画面，关于谩骂、争吵、诅咒与冷战等，占据了绝对优势。这些外表形同灰色鸟雀却又生有一副老鼠面孔的可恶家伙，成为他们习以为常的家常便饭，成为我们兄妹终其一生也挥之不去的噩梦。

确实是噩梦。那个年轻气盛的父亲，随时随地都有可能在他的妻子和孩子们面前，暴露出狰狞可怕的一面。他的身体里仿佛住着无数个魔鬼。他的嘴巴、眼睛、鼻子、耳朵、眉毛乃至没有刮干净的胡须，还有那双像磨刀石一样粗粝的手，都是潘多拉魔盒一个潜在的盒盖。

那个时候的父亲，我是说盛怒之下的父亲，被魔鬼附身的父亲，似乎拥有摧毁世间万物、打破一切平衡的力量。任何抵抗，都是徒劳无益的，而且只会带来更为残酷的语言镇压和肉体上的迫害。而在所有人中，首当其冲的受害者，便是母亲。哦，那真是不可原谅的过错。

父亲总是习惯性地将出现于生活中的罪责与过失，悉数归咎于他的妻子——即使那些罪责与过失，是他自己造成的；将所有的不如意与不满情绪，不由分说地发泄到她头上——仿佛他的妻子，是导致他一生失意与潦倒的根源。

而性格刚烈的母亲，当然不会坐以待毙。

“狗急了，还跳墙呢。”母亲说。

两个人的战争，就是在这样的情况下发生的。有时是在晚餐时分，有时是在熄灯睡觉以后，有时是在白天。

房间里的空气，绷得跟冰块一样，僵硬而又脆弱，随时都可能断裂。呛人而刺鼻的硝烟味，混合着自楼板和墙壁上震落而下的黑色粉尘，弥漫于每一个幽暗的角落。

我们兄妹蹙眉垂首，胆战心惊地待在原地。

吃亏的总是母亲。不是脸上重重地挨了几巴掌，就是手臂上留下了几道青色的瘀痕——我和哥哥都见识过父亲用粗糙如铁的巴掌和用随手从墙角里抄起的棍棒揍母亲的场面——可我们不敢在言行上对她施以任何的声援和安慰。

我们不是没有想过办法。

记得年幼的妹妹还在牙牙学语之时，她又尖又细的哭声一度成为我和哥哥试图用来平息战事的撒手锏：但凡硝烟弥漫之时，我们就暗示并极力怂恿妹妹放声大哭；如若她拒不执行我们的指令，我们就拧她的胳膊，迫使她哭。

这一招起初很管用。他们听见小女儿的哭泣声，总是会因为好奇和残存于内心深处的那一点怜惜而暂停战事。他们中的一个——多半是母亲——会心有不甘地走过来，抱她，哄她，给她擦干晶莹剔透的泪珠。

但次数一多，这招就宣告失灵了。不仅如此，无辜的妹妹有时候还会受到莫须有的牵连。因为她夸张的带有表演性质的哭泣声对他们的争吵造成了干扰。暴力管制收到了显而易见的成效。

当战事再次发生之时，面对我和哥哥的威胁，妹妹一脸惊恐。她紧紧咬住嘴巴，拼命摇头，不敢发出一丁点儿声音，眼眶里旋转着告饶的泪水。

深夜，颤抖着的抽噎声，总是会顺着楼梯、墙壁和空气中无数根无形的绳索，爬进我们支棱在床铺上的耳朵。我们就像受到惊吓的老鼠，趴在黑暗中，睁着眼睛，竖着耳朵，屏着呼吸，直到那断断续续的抽噎声被黑夜吞噬。

那许多个夜晚中的一个，犹如一道隐秘的疤痕，至今还让人感受到某种不能言说的疼痛。尖锐的疼痛。

暴风雨刚刚落下帷幕，一个拖曳着长长尾音的声律感极强的声腔，如同一条绵绵不绝的河流，蓦地从黑夜的肺部爆破而来。那是一种异常陌生的哭腔。一唱三叹，抑扬顿挫，起承转合，首尾相衔。

刚开始，我们都不知道那是谁的声音。那是极其陌生的一个声音。从来没有出现过的一个声音。但是这屋子里除了母亲，还能有谁呢？尽管如此，我们还是难以置信，那条河流出自母亲的嘴巴。

母亲平日口拙，不善言辞，可在这个晚上，她俨然摇身变为一位掌握了某种特殊本领的巫师，把她的不幸遭遇恰如其分地编排到了即兴而起的唱词之中。她变成了一个口若悬河的人。

我和哥哥从黑夜中抬起身，带着难以掩饰的恐惧，静坐于床，聆听着母亲悲伤的哭唱。父亲不耐烦的规劝，像一个时明时灭的火星，偶尔夹杂其中。

全世界都安静下来了。

哥哥忽然把嘴巴凑到我的耳边，用一种不安的语调悄声对我说，哭丧妇才这样哭泣。我骤然感到周身发冷，头皮发麻。眼前深邃得没有边际的黑色瀑布汇入到一口阴森森的深井中，水声回旋。

另外一个年份不详的雨天，同样让我记忆犹新。

一个天气阴沉的暮春清晨，母亲不知去向。谁也没有留意到她是何时不见的。我们伸长脖子在院子周围暗寻无果，却又不好意思声张——我们要保守秘密。整个上午，我们的心情都跟那屋檐下的苔藓植物一样潮湿阴郁。

我们都阴沉着脸，不与父亲说话；我们都想方设法地躲着他，避免与他闪烁其词的目光接触。是他让我们的母亲不见了。

母亲从雨中现身时，趿拉着一双鞋面糊满了泥巴的布鞋，在一条布满泥泞的路上，双手抱胸，跌跌撞撞地疯跑。就像谁也不知道她是从哪儿跑出来的一样，谁也不知道她在此前去了哪里。只见她的头发纷披凌乱，眼泡浮肿，失神的目光裹着冰块，全身上下淌着湿漉漉的雨水，就像一个刚刚从水里捞上来的人。

面对这样一个面目模糊、浑身打着冷战的人，踌躇不定而又窝着一肚子火的父亲——他一直在堂屋里不安地走来走去，不时朝薄薄的雨帘里望上几眼——动了动喉结，又张了张嘴巴，终于吐出了两个字——“疯了”。

母亲霍地一下从椅子上弹起来，一句话也不说，冲进卧室，潦草地收拾了一个包裹，执意要回娘家去，最终被哥哥（按祖母的旨意）从半途拉了回来。

事实上，她早已无娘家可回。

“离婚”——这个敏感词汇，终于在一个深夜被母亲吐了出来。就像吐出一块并不好吃的骨头。

那个晚上，我们早已入睡。某个不确定的时间，他们咬着牙关的争吵声忽然从楼下传来，并伴随着一阵密集而杂乱的搏斗声。

我们被吵醒了。我们在黑暗中像猫一样竖着耳朵，密切地关注着事态的发展。我们一度犹豫要不要下楼去劝和，但还是被一种从内心深处涌现而出的神秘力量阻止了，于是，我们把原本已钻到布鞋里的脚又放回了床上。

“离婚算了。”母亲平静的声音，忽如一枚深水炸弹，在紧绷如牛皮鼓的空气中爆出一声闷响。

“如果不是为了几个孩子，早跟你离了。”她补充了一句。

父亲回击或辩解了一些什么，我没有听清。

我在黑暗中反复咀嚼着母亲的话，想象着可能出现的局面：我和妹妹跟着父亲生活，哥哥跟着母亲（或许正好相反），一家人生活在同一屋檐下，却形同陌路。他们往日在谈话里提及的那些不幸人家就是这么生活的。

我情不自禁地把身体蜷缩成一团，用双手紧紧抱着自己。床铺在以加速度下坠。而我，失去了重力，飘浮在空中。哥哥重新坐立了起来，影子像一块岩石那样孤单。粗细不一的呼吸声在房间里轻拍着薄薄的翅羽。

我们担心的事情最终并没有发生，但是母亲的那句话——“如果不是为了几个孩子，早跟你离了”——在以后的许多年里，被她反复提及。

三

世界上的很多事情都难以解释，就像我们都不曾预料到，有朝一日，母亲竟会变成另外一个版本的父亲，而且是升级版和加强版的。别说是我们了，就连父亲也感到吃惊，难以适应。那时的他，正值壮年，还没有老去。

谁也无法说出一个准确的日期。但是从那个记忆模糊的日子开始，我们的母亲变得狂躁易怒，言行举止往往叫人感到莫名其妙。或许是父亲昔日身体里的那头具有变色龙某些属性的狮子，在某个神秘的夜晚，踏着阑珊月色，抛弃旧主，投靠了母亲。这就好像力比多会转移一样。

我婚礼前日，请来的厨子和我们一起共用晚餐，母亲迟迟没有露面，我在厨房里找到了她并提醒她吃饭。“什么？”被一片嘈杂声包围的母亲用一种惊异的眼光打量着我。以为我有什么新闻要告诉她。我重复了一遍:快去吃饭。

这回听清了，但只见围着围裙的她，先是站在原地愣怔了两秒，忽地脸色大变，鼻子眉毛拧在一起，右脚重重地往地上一跺，握着锅铲的右手在胸前快速地划拉了一下，然后极不耐烦地对我说：“哎呀，你快去吃！”

她的嘴里还捎带着发出了一个莫可名状的声音。很像用力过猛时吹出的尖厉的令人不适的哨音。我惴惴不安地回到饭桌上，反复琢磨着令母亲的脸色由晴转阴的缘由，却找不到一个合理的解释。

我以为这只是一个独立事件，然而不是。

有一天，在我和妹妹谈及母亲的间隙，她忽然以一种征询意见的口吻对我说——要不要陪母亲去医院检查一下？我感到奇怪，脑袋里打满了问号：母亲最近并没说身体有什么不适呀。

妹妹说，母亲身上表现出了某些较为明显的疑似中风的症状。“种种迹象表明，母亲或许已患病。只有这种病人，才可能情绪忽然失控。前一秒还好好的，后一秒就变了。”妹妹不无担心地叹息。

原来妹妹一早就在母亲的言行里发现了异常。但是最终，我们谁都没有陪同母亲去医院检查，她也没有犯病；即使我们提出那样的要求，她肯定也不会同意。谁都不会承认自己的精神出了问题。

我在互联网上了解到一个人在中风之前可能会表现出十二种症状，但唯有一种与母亲的表现有某些相似之处，即第七种——精神改变，短暂的意识丧失，个性的突然改变和短暂的判断或智力障碍。确切地说，是两种症状与母亲的言行举止吻合，即“精神改变”和“个性的突然改变”。

经过比对，我排除了母亲患病的可能，但也就是在这一过程中，我发现了一个更为可怕的事实：母亲精神和个性的改变，不是“突然”之事，而是由来已久。

记忆中的母亲不是这样的。难道是随着年龄的渐增，一个人的性情会越演越烈，脾气会越变越坏？并不是。父亲就是最好的例证。不能说他到了花甲之年就脱胎换骨般地变了一个人，但确实比原来温和了许多。

那么是什么原因导致母亲性情大变呢？我一时说不清楚，却想起一件与此毫无关联的事情——如果顺藤摸瓜，说不定能够查找到些许蛛丝马迹。

这年五月，我在老家的小镇上参加了一个座谈会，与会者中有一位湖北宣恩籍的退休干部，其姓名与母亲的仅一字之差——姓氏与排行字辈完全一致，但并未引起我的注意。第二天，我将报道座谈会的新闻发送到了妻子的手机上——彼时她正在老家。

晚些时候，与妻子通电话——母亲恰在她身边，妻子对我说，“妈问你那郭姓男子是哪里人。”——很显然，母亲也看了那条报道。“……宣恩的。以前当过副县长。”我记起了那么一个人，并将我所掌握的情况如实相告。

“妈说你怎么不认个亲，喊声舅舅？”妻子夸张地将母亲的问话一字不漏地转述给我，并辅以一阵笑声——她认为母亲真会开玩笑。母亲也在一旁附和着笑。我开始有点不知其所以然，错愕了半晌才恍然大悟。

事实上，那张照片经过处理已不甚清晰，席卡上面的字迹更是模糊，可在几年之前就需要戴上老花镜才能识文断字的母亲，一眼就将那个名字从一堆文字和图片里瞅了出来，而且一厢情愿地认定，那个陌生人可能与她沾点亲带点故。

当时我只是笑母亲市侩，并没有往深处想。现在回想起来，才发现母亲的苦。某天，她满腹惆怅地对我们说，这个世界上，她嫡亲的亲人，只剩下姨妈一位了。彼时的母亲，目光里蔓延着一束没有边际的荒凉之光。

母亲的父亲，一个我们从未见过的泥瓦匠，是湖北宣恩人氏。因为出身贫寒，直到中年，才在长江边的巴东县境遇见他命中的女人——我们的外婆。他们在该县一个偏僻村落组织了家庭，租住在别人家的房子里。

彼时的外婆，已是两个孩子的母亲，大女儿已许配人家，儿子也有十余岁。因为丈夫在前几年病逝，为了生计，已至中年的她才带着儿子，改嫁他乡。

两人结合不久，于一九六二年冬天，生下一个女儿，也就是我们的母亲。一家四口挤在荒村陋室，虽然万般不易，却也其乐融融。可好景不长，意外骤然降临，正值壮年的外公撒手人寰。而母亲其时不过六七岁，正是需要父亲的年纪。

家庭失去了顶梁柱，母子三人的生活，顿时变得捉襟见肘起来，更何况是寄居于举目无亲的外乡村野。

正是在这万分艰难的时刻，姨妈向他们伸出了橄榄枝。姨妈和姨爹决定把母子三人接回他们生活的村子。然而这雪中送炭之举，要变成现实并非易事。

外婆和第一任丈夫生活过的房子，因年久失修已经坍圮，住在哪里是个问题。或许就是在此时——这当然只是出自我的猜测——一个两全其美的方案在众人的说项下顺利落地，所有的难题似乎也都跟着迎刃而解了：

姨妈和舅舅的大伯、伯娘没有孩子，外婆在这时节将舅舅过继给他们作养子，以便日后为他们夫妇养老送终；舅舅住进了他大伯家，外婆和母亲自然也就顺理成章地有了一个落脚之地。

一切尘埃落定。可是一个更棘手的问题摆在了外婆面前——母亲拒绝跟着她一同住进那户陌生人家。“没有什么原因，就是不想跟他们住在一起。”多年以后，面对我好奇的询问，母亲如此言简意赅地解释。那时，她嘴角上翘，眼睛望向别处，犹似望向时间深处那一段不愿被人触及的往事，语气依然倔强。

忽然记起多年以前，母亲评价过她的母亲：“你们的嘎嘎（外婆）是一个没有骨气的人。一辈子没有什么主见。”这是不是最重要的原因呢?

这一段秘闻般的往事，并非母亲主动相告，而是缘自一次闲谈。

一年正月，姨妈家的小表哥给母亲拜年时，提及一件与母亲有关的往事。据说他还是个孩子的时候，有一个晚上奉命去母亲独居的房间取一件物品，进屋之后，只听到黑漆漆的楼板上传来阵阵叽里呱啦的喊叫声和叮咚叮咚的奔跑声，窗户纸也紧跟着噗噗作响，吓得他掉头就跑。

“那是老鼠！”母亲听闻，捧腹大笑，眼角一片晶莹。

母亲寄居的那个房间，原来是大队保管室的仓库，孤零零地坐落于荒郊野外，到了晚上，周遭黑压压一片，见不到一盏灯火。别说是一个女孩子，就是让一个成年男子独自居住，也是需要几分勇气的。然而，生性胆小的母亲在这里一住就是多年，直到嫁给父亲那年才离开。

嫁给父亲那一年，母亲时龄十七岁。

十七岁，对现在的女孩子而言，正是做梦的花样年纪。而母亲在这个年龄已做好了与一个见面不过三五次的陌生男子共建家庭、生儿育女的准备，而且她在此前已经熟练地掌握了作为一个家庭主妇和农妇应该掌握的全部本领。

虽然如此——结婚对她而言，可能只是必然要完成的一件事，但我觉得她还是对这充满了未知的新生活，充满了无限期待。说不定，她还暗自把婚姻当成了自己第二次生命的伟大开端。她在此前的生活是黑色的，孤独的。

于是，母亲在十七岁那年，把自己的终身和一个新嫁娘对于幸福生活的全部想象，在喜庆的唢呐声中，郑重地托付给了一个比她年长八岁的大龄男青年。

那时的她，肯定还不知道婚姻其实是一场赌博，而且是一场输不起的赌博。这一条需要花上漫长的岁月乃至一生的时间才能悟出的真理，外婆没有告诉过她，姨妈也没有告诉过她。

或许她们都明白得太晚。

四

多年前的一个冬日，为了一张不翼而飞的百元钞票，他们争吵了一个通宵，彼此声音沙哑。父亲被母亲逼上绝路，首次在言辞间流露出要另起炉灶与母亲分开生活的意思。“家里简直没法待。整天像个火药铺。”他无可奈何地说。

这大约是他们结婚以来吵得最厉害的一次。通过这一回合的较量，母亲以她的方式完全掌握了主动权。

事实上，当我回过头来考察他们之间的关系时，发现他们之间的那架天平，随着母亲的反击，在许多年之前，就在以肉眼难以觉察到的速度向她这边倾斜——只不过那时，无论是在家庭事务，还是夫妻关系中，父亲仍稳稳地占据主导和支配地位——而彻底打破他们之间力量平衡的，是发生于十多年前的一件大事。

那年春天，父亲在乌鲁木齐的一个意外事件中受伤，前景很不乐观——最悲观的时候，他怀疑自己再也无法站立起来。而那时正是我们家有史以来最困难的时期——我在县城念高中，即将高考；妹妹在镇上的寄宿学校念书。

母亲在这个节骨眼上挺身而出，跟着一伙男人去村子里或镇上干苦力活，以填补经济上的巨大漏洞。

正是因为这样，那个几乎是人人皆知的政治经济学原理——经济基础决定上层建筑——在我们这个家庭里得到了生动体现。虽然父亲在家休养一年多后又重新站立了起来，并凭借过人的毅力，忍受着腿痛的折磨，与一位堂叔父合作，在镇上经营了一门流动作业的生意，随后又重操旧业外出打工，但是他再也不能像往日那样干重活了。这也就意味着他旁落的大权，再也不会重回到他的手中。

好像也就是从那个时期开始，母亲渐渐变得强势起来。

我们亲爱的母亲，在不知不觉间变成了另外一个人。一个令我们所有人都感到陌生的人。

五

最初，我单纯地以为母亲对待父亲的态度，完全是出于报复，而且她所采取的方式，是最简单、最直接，也是最粗暴的方式，即以眼还眼，以牙还牙。她大约是想以这样的方式让父亲也品尝品尝当年她在无数个黑夜饮下的一杯杯由胆汁和眼泪酿造而成的苦酒。然而后来我才知道事情并非如我想象的那样简单。

一次与妹妹在电话里聊天，妹妹忽然用那种狐疑的语气问我：“难道你不知道爸爸跟何婶的事情吗？”我彻底蒙了。“爸爸跟何婶能有什么事？”我吃惊而好奇地问。“你知道这件事情就行了。”妹妹欲言又止，最终没有多透露一个字给我。后来与哥哥谈及此事，他竟跟妹妹一样，也不愿意在这个问题上多费口舌。“你慢慢就会知道的。”他讳莫如深地对我说。

那段时间，我被这件忽然冒出来的事情困扰着，折磨着。我感觉自己被抛弃了。哥哥和妹妹一早就知道了这件事情。唯独我被排除在秘密之外。而他们之所以知道，一定是母亲告诉他们的。

事实上，我那次与妹妹讨论的并不是父亲与母亲的关系，而是我们家与何婶家的关系——更确切地说，是母亲与何婶的关系。

曾经，两家的关系是非常要好的。父亲与何婶的丈夫——何叔以兄弟相称，母亲则与何婶胜似金兰姐妹——她们是从同一个村子嫁过来的，待字闺中时兴许就彼此认识。她们不知在一起消磨过多少个寂寥的雨天、晚霞遍地的黄昏抑或繁星密布的夜晚，尤其是父亲和何叔在外打工的那些年头，她们来往得格外密切。

她们时常各自端着一个茶水早已见底的玻璃盅，坐在光影暗下来的窗前或是油漆开裂的桌边，兴味盎然地编派着村子里的新闻掌故，飞短流长，同时也将自己捂了多年的秘密，毫无保留地分享给对方——或许那时的她们都相信，对方能够永远替自己守口如瓶。

有时，她们在屋场附近的路边拐角不期而遇了，也能嘀咕好长时间——即使她们的手里正拎着镰刀、竹篮、锄头或其他什么农具——分别时，各自的脸上还挂着一副意犹未尽的神情，而且向对方发出了下次再聚的邀请。

那些年，她们在村子里有共同的朋友，也有共同的敌人。最要好的时候，用母亲的话说，她们恨不得穿同一条裤子，在彼此面前几近透明。

可世事难料，如此亲密的关系，说坍塌了就坍塌了，再无重建的可能。

闺蜜交恶的后果逐渐浮出水面。何婶总是在背地里编派母亲的流言蜚语，甚至恶意中伤她的清白。母亲曾在路上堵住何婶，让她把那些编派出来的事情当面说个清楚。何婶自知理亏，面对母亲的质问和还击，哑口无言。

经此一役，何婶虽然有所收敛，但依然没有放弃攻击母亲，而且她还在茶余饭后把村子里与她有共同利益诉求的那些长舌妇们团结在了同一片屋檐下。不善于交际的母亲，在无形之中成了一座孤岛。

以前，我们两家也闹过矛盾，很快就握手言欢了。可这一次，她们好像都摆出了老死不相往来的架势，母亲表现得尤其坚决。

那一年，何婶的儿子结婚，给我们家发了请柬，邀请父亲和母亲前去吃喜酒。父亲欲前往，可母亲拼死不让，而我们兄妹都在外地，结果我们家无人出席何婶儿子的婚礼。我们一直对此失礼行为心怀歉意，母亲却不以为然。

同样的事情在两年之后再度发生。何婶喜得孙女，其子邀请他们去吃满月酒。母亲仍抱守她的立场。只是这一次，她给何婶儿子包了一百元红包。母亲说，是给孙女的。何婶儿子推辞不掉，收下了，却没料到回家复命时，挨了何婶一顿臭骂。何婶说：她这是打发叫花子。何婶觉得受到了莫大的羞辱，差其子把红包退给了母亲。两家大人的关系因此更是雪上加霜，进入严冬时期。

我和妹妹讨论的正是这些问题。我直言不讳地坦承，两家人的关系恶化到今天这个地步，母亲是要负一定责任的，“她太固执了，缺乏全局意识。面子上的工作，还是要做一做的，不然就会让自己陷于被动地位，给他人留下话柄，而且让我们都跟着难堪。她难道就不知道退一步海阔天空这个道理吗？”我说。

正是在此时，妹妹对我说了那句一直困扰和折磨我的话——“难道你不知道爸爸跟何婶的事情吗？”

我一直不相信或者说不愿意相信，父亲跟何婶有什么瓜葛。

我的理由十分充分：如果他们真有什么事，何叔难道就没有一点表示？那也是一个七尺男儿，一条血性汉子。而且父亲和他一直以兄弟相称，父亲能做出那种僭越人伦之事？而且他都一大把年纪了，孩子们都已长大成人，断然不会这么糊涂。何况，何婶就一普通农妇而已。父亲会为了这样一个女人铤而走险？

但母亲坚持认为，父亲禁不住何婶的勾引，背叛了她。

一次，我帮母亲干活时终于碰触到了这个跟禁地一样敏感的话题。母亲的情绪，就像一个刚刚送进蒸笼的馒头坯子，立时变得激动起来；脸部的颜色，也在瞬间发生了明显变化，像一块铁青色的岩石；嘴唇咬合得非常干脆，唇齿间迸射着粒粒火星；机械般的双手，充满了僵硬的力量。

这肯定是一场误会。我说。

误会？那一年，你爸爸在家养伤的时候，有一天我从镇上干完活回家，刚进门，就撞见你何婶从房间里溜出来，眼神慌乱。我挽留她再坐一会儿，她没有理会。

另外一天，我回到家时，天已黑尽，客厅里亮着一盏灯，却不见人影。我叫你爸爸的名字,无人应答。我来到院子里，恰巧看到一束手电筒光，正从你何婶家朝我们家快速移动。那正是你爸爸，跛着脚，哼哧哼哧地，跑得飞快。

还有一次，你爸爸从镇上回来——那时他已经开始工作了——上衣口袋里鼓鼓囊囊的，塞着什么东西。我问他，他遮遮掩掩地不说话。我把东西掏了出来，原来是两瓶妇科药。他这才支支吾吾地说，帮你何婶买的。

母亲的话冒着烟，牙齿咯咯作响。她那时的样子，让我想起多年以前，她在昏暗的灯光下手握木棍，跺着脚咬牙切齿地追赶老鼠的样子。而那时，何婶在她的眼里大约就是一只令人生厌的老鼠。

母亲在这个冬日所罗列的这些证据，尽管疑点重重，但在我看来，都不足以证明父亲背叛了她。

根据母亲的讲述，父亲背叛她的时间，正是他在家养伤的那一年。那么，动机呢？爱情？显然不可能。如果在他们两人之间存在这种特殊的化学物质的话，早就擦出火花了。寂寞？何婶是一个标准的留守妇女，丈夫常年在外，在所难免。父亲呢？终日面对空旷的庭院，寂寞应该也如影随形，确实有空可钻。

一对寂寞男女，长时间地待在同一个房间内，容易发生一些意想不到的故事。这一点不置可否，但不要忘了更为重要的一点：一个赋闲在家的男人每天晚上都要面对从工地上归来的一身臭汗一脸疲惫的妻子，他难道还有心思与其他女人调情，乃至暗通款曲？

然而另外一个故事，让我对自己的判断产生了怀疑。

父亲二〇一三年从外省回来时，购买了一件崭新的羊毛背心，回家后试穿，得到母亲的好评。父亲在家小住了几天，就去镇上工作了。可等他再回来时，细心的母亲在洗衣服时发现：父亲换下来的羊毛背心，并不是她见过的那件，花色变了样。母亲提出了疑问，但父亲予以否认。

如果没有后面的事情，母亲可能也就相信是自己的记忆出现了差错。可没过多久，母亲就在无意间发现了一件令她无比愤怒的事情——何婶居然穿着一件与父亲相同款式的羊毛背心，其花色恰好与他试穿的那件一模一样。

母亲为此与父亲大吵一架，并一口断定，是父亲趁在镇上工作时把那件羊毛背心作为礼物偷偷地送给了何婶，而且为了掩人耳目，他又煞费苦心地购买了一件同一款式的。

这个有鼻子有眼的故事，如果属实，那么，它不仅戳穿了所有的谎言，而且坐实了所有的谣言，让一切不言自明，同时又让一切变得更加模糊。毋庸置疑，它将我推向了一个十分难堪的境地。

我忽然觉得父亲好陌生。我根本就不了解他。他留在我心里的那个形象，就像用蘸水的毛笔写在地面上的字，正一笔一画地消失；也像一面不再坚固的墙壁，每时每刻都有碎裂的墙皮剥落。

这是我不愿意面对的事实。我曾经在那个冬日对母亲列举的那些证据一一进行过反驳，以为她只是捕风捉影，只是看见了事情的一个侧面，并为她的种种荒谬做法感到遗憾，可现在还有什么可说的呢？

如果说在这个听起来无懈可击的故事中，尚且存有一点解释余地，大约就是父亲身上的那件羊毛背心了。它或许自始至终就是同一件，而花色之所以在不同的时间以不同的形态呈现出来，只是因为母亲身上的那根弦绷得太紧了。

然而这样辩解，对母亲是不公平的。

我们不能无视她的发现，而且在整个事件中，如果事实成立的话，她才是最大的受害者——在他们这个特殊的三角关系中，一个是自己的丈夫，一个是自己曾经最要好的朋友——等同于闺蜜的同村女人。

如果事实成立的话——我不得不再次重申，那么就意味着母亲遭到了双重的背叛，这样的打击是致命的。

或许正是受到这件羊毛背心的刺激，母亲才彻底对父亲失去了信心与信任，对他彻底死了心。她从此开始像一个严苛而冷酷的审查员那样，严格审查父亲的行踪，审查他身上的每一个口袋，审查他的每一个眼神，审查他的每一缕情绪——她从此开始变得神经质。

而那一年，她坚持让父亲交代出那张不翼而飞的百元大钞的下落并借题发挥，正是出于她对父亲的防范和不信任。她怀疑，那张百元大钞既不是自己从父亲的上衣口袋里滑落了出来——“它又没有长腿”，也不是因为一时的粗心大意而多付给了那个贩卖建筑材料的商人，而恰恰是经父亲之手，飞到了某个女人的口袋里。“晓得他给了哪个女人。”母亲如是说。

真相究竟是怎样的呢？

我记得多年以前，母亲就一度怀疑父亲在外边不守规矩，两人之间为此还发生过激烈的争吵，但最终都证实，那只是一些子虚乌有之事——抑或随着时间的消逝而不再被提起。而对于这件事情，我们的父亲已没有机会澄清事实或自证清白，何婶也只会一味地予以否认——据说何叔曾质问过她，结果被她骂得狗血喷头。没有人愿意戴一顶让别人指指点点的帽子。哪怕这顶帽子是无形的。

我想，母亲也是不愿意的。

六

二〇一五年十月中旬的一天，我在家里准备出其不意地把桌子掀翻在地，并狠狠地撂下一句话：我再也不回这个家了。然后在桌面的碎裂声中不管不顾地冲出家门，把目瞪口呆的两个人扔在原地长时间地保持沉默。

那会儿，我把两只手搭在冰凉的桌面上——我感觉到了它们僵硬的颤抖以及从手掌心滋生出来的越来越密集的汗液。黏湿之感沿着手臂雾一样在我身上四处游走，以至于全身有如芒刺在背一般难受——而且暗暗试了试力道。

最终，我选择了妥协与忍耐。我像一块雨天的岩石，坐在距离两人相等的位置，一言不发，耷拉着眼皮，阴沉着脸。而他们竟然丝毫没有注意到我堆积在脸上的情绪，更未察觉到我的心理活动。他们沉浸在打嘴巴仗的快活与痛苦之中。

彼时，父亲刚在同济医院做完第二次化疗，我护送他回家。休息了一晚，我们三人坐在那间兼做会客室的餐厅里，各自默想着心事，沉默的气氛压抑得叫人喘不过气来。是父亲率先拾起语言的斧头打碎了沉默的冰块。他用一种自祖辈那里继承而来的古老声调，讲述他昨晚的离奇梦境：

“我骑在一头水牛上，牢牢地抓着它的两只角。比岩石还要坚硬的角。我们被困在了一片好大的池塘里。混浊的水望不到边际。圆滚滚的牛肚子已沉到水面之下。我们怎么游也游不到岸上——那岸好像近在眼前，可就是靠不了岸——”

我以为这是一个带有强烈隐喻性质的梦境——它或许暗示着父亲的命运走向，父亲最终游到岸上了吗？如果游到了岸上，那就意味着父亲能顺利地渡过眼前的这一劫。正期待下文，父亲的讲述却被母亲打断了。

母亲强行植入一个令所有人都不愉快的话题——如何筹措下一疗程的巨额费用。她充满怨气地坐在那里，脸部的肌肉随着口腔的张合痉挛着，抱在胸前的双手，偶尔也会解放出来，配合着语言所表达出来的意思有力地挥舞着。

父亲几欲张口续说梦境，然而习惯强词夺理的母亲并不给他机会，他只好闭上欲言又止的嘴巴。可怎么闭得上呢？母亲的话火辣辣的，呛得人嗓子直冒烟。

我以为自从父亲患病以后，他们在说话的方式和态度上都会有所改变，但依然如故。父亲是本性难移，有时是忍无可忍，而母亲则只顾嘴上快活，早把我们的叮嘱抛诸脑后。她永远也不会成为电视剧里那些善解人意的母亲。

遵医嘱，父亲需要静养。

我在陪护期间读到这样一则故事：有一对外国夫妇，

体检时发现双双患了癌症，两人于是放下一切，取出所有的积蓄去环游世界，每天都过得很开心，结果两年之后，去医院复查，两人身体里的癌细胞均已消失得无影无踪。

我祈祷这样的奇迹，也能发生在父亲身上，那么，保持好心情对他而言就显得至关重要。而常动肝火，情绪波动过大，只会让病情雪上加霜，甚至迅速恶化。

可有什么办法呢？

这也正是那天我最终放弃掀翻桌子的原因。我太了解他们了。即使我把桌子掀翻在地又能怎样呢？他们可能会呆立原地沉默不语，可能会跳起来指责我的失礼行为，也有可能在短时间内克制和约束自己的情绪，但他们永远不会反思自己的行为，更不会意识到，他们在过去二三十年间的战争，给我们兄妹的成长以及未来的生活带来了多少困惑，造成了怎样的伤害。

两个在彼此身上乐此不疲地创造悬崖与伤痕的人，何时才能达成和解？我无法知道。母亲或许永远都不会原谅我们的父亲了。那个把时龄十七岁的她迎娶回家的男人，那个与她在过去的三十多年间一起养育了两儿一女的男人。

两只刺猬永远也不会拥抱在一起，除非把彼此身上的刺全部拔光。

在过去一个相当漫长的时期，我害怕他们离婚，害怕在清晨看不见父亲或不能与母亲一起共进晚餐，但是当我长大成人经历了一些事情后，我觉得他们早就应该选择放手，而不是继续将就着生活，那样只会让彼此陷入更深的痛苦，而且让孩子们也跟着旋转在痛苦的旋涡之中。

“你们根本就不该生活在一起。”

某日，当我和母亲再次谈论起她和父亲这三十多年来的紧张关系时，我终于鼓起勇气，直言不讳地对母亲说。

彼时，母亲坐在一堆逐渐黯淡下去的光线里，像一个失败者，耷拉着眼皮，半晌无言。她是在为自己不幸的婚姻生活默哀，还是在为我的大不敬生气？我没有试图从母亲口中寻找答案——我不忍心进一步刺激她。

记得多年前的一个父亲不在家的夏日的中午，母亲不惜暴露出怨妇的某些特质，就着简易的饭菜，向前来我们家做客的表姐抱怨父亲的种种不是，言辞间怨气横陈，怒气冲冲，而且还透露了一个我们从未听说过的秘密——一个连父亲也不知道的秘密（我是这么猜测的）：

母亲待字闺中时，与父亲同时前去外婆家提亲的还有一个人——与她同村的一个年轻男子。但外婆看中了父亲是个手艺人，英俊能干，而且是河下人——那个年代，高山地区的姑娘都以嫁到河下为荣，最终将女儿许配给了他。

这个中午的画面，影影绰绰地在我面前浮动。当年我少不更事，没能听懂母亲的弦外之音。现在咀嚼起来，才发现母亲的言辞里，多少是有一丝遗憾乃至悔意的。她对表姐说，那个人现在把日子过得很红火。

如果当年外婆没有替母亲做主，母亲自己会选择哪一个呢？如果她选择的是那个人，她会比现在过得称心如意吗？而父亲，他又会遇到一个什么样的人，过着什么样的生活？

这一切，都没有答案。如果他们没有在一九七九年结婚，那么他们各自的人生都将面临着无数种可能。可能比现在要好，可能比现在要坏，也有可能与现在平分秋色。但是命运的藤蔓把他们紧紧地拴在了一起，此生再也摆脱不了干系。

我们兄妹三人，如同三只葫芦，也被那根无形的藤蔓紧紧地拴在了一起。如果没有他们的结合，就不可能有我们。

七

这么多年以来，父亲和母亲究竟是依靠什么力量维持着他们脆弱的婚姻关系的？是如母亲多年前所说，为了几个孩子吗？还是为了那个时常被挂在嘴边却又不值一钱的面子？是出于某种生活惯性——譬如说懒惰——而一再给对方最后一次机会，还是以这样的方式惩罚彼此？

这些问题引起了我的兴趣。

如果他们在漫长的岁月中因为意气用事或是经过深思熟虑而解除了婚姻关系，我们必须面对的生活是怎样的一番景象呢？

父亲或许会成为一个老光棍。他身上的臭脾气实在太多，没有哪个女人愿意嫁给他。母亲呢，再找一个男人搭伙过日子的概率应该也不大，毕竟每个男人身上都有一大堆毛病，而她也已不再年轻。

这或许就是他们将就着生活了这么多年的原因。尽管母亲对父亲恨得咬牙切齿，对于嫁给他这件事后悔终生，而父亲对母亲也持保留态度——用母亲的话说，他认为村子里别的女人都比她要好。

我自以为已将父亲和母亲糟糕透顶的关系看得十分透彻，但是很快，我就发现，这个世界上还有许多我不能理解的事情。

那个灰色的冬日之后没过几天，母亲的电话又非常急迫地打来了。

我以为他们又吵架了，她又要向我状告父亲的不是，谁料情形却与上次乃至以往任何时期都截然不同。

电话里的母亲，委顿，无助，长吁短叹，时不时地像爬满青苔的岩石一样沉默，说出的话，跟她日渐萎缩的脸一样憔悴，跟她灰暗的心情一样低沉。

以前的那个她，消失了。

“他成天把自己囚在客厅里。天那么冷，他也不知道往炉子里生一堆火。他坐在那排靠窗的椅子上，戴顶帽子，双手环抱胸前，蹙着身子，低垂着头，似睡非睡，像一个木偶，无声无息的，一句话也不说。”她说。

“他现在看起来比八十多岁的老头还要老。皮包骨，脸上堆满了皱纹。雪白的头发，从两鬓开始，噌噌噌地直往头顶蹿，一天比一天多。”她说。

说罢，是一声长长的重重的叹息。

那声响亮而又沉重的叹息，在电话里往复回旋，清晰而又冗长。

沉默不期而至。它蔓延成爬满藤蔓的篱笆，蔓延成落满鸟粪的墙壁，蔓延成令人晕眩的悬崖，蔓延成暗流涌动的大江大河，蔓延成无边无际的森林，蔓延成一片巨大的虚无。——我也陷入到那片浓雾般的虚无之中，无言以对。

我们的嘴巴，被同一件悲伤的事情堵上了。

根据母亲的描绘，我努力地想象父亲的模样，却始终只能看到一团模糊的影子。那团影子，像一只悬空飘浮的气球。我确信那就是父亲，但他的脸乃至整个人，距离我是那样遥远，远得只剩下一个轮廓。

——他——估计——没有多少——日子——了。

母亲哽咽着说。一阵被刻意压抑的抽泣声，在我耳畔清晰而又模糊地响起。我的心猛地一沉。我竟看见了母亲。

她瘦削的肩膀在轻轻耸动，爬满雀斑的鼻子在轻轻耸动，皮肤松弛的嘴巴在轻轻耸动。两排原本紧紧咬合在一起的牙齿，因为身体的颤动而不受控制地磕碰在一起，咯咯作响。

这个下午，我发现了一个秘密：母亲将以前惯常数落的那种种父亲在日常生活里表现出来的劣迹乃至在她的臆想里父亲背叛过她的事实，都抛诸脑后了。

她嘀咕：那么善良的一个人，怎么会落到这步田地的呢？

她又说：老天无眼。

八

或许就是从这个具体日期已难以确证的冬日开始，母亲的电话日渐频繁，有时在一天之内竟能接到她好几通电话。而那些电话所传递的信息，都与她自身无涉——她不是告诉我父亲越发糟糕的近况，就是尝试着与我商量一些每个人都会在潜意识里极力排斥但是又不得不面对的事情。

母亲也是犹豫了许久才鼓起勇气与我商量那些事情的。实际上，她比谁都要忌讳谈论那些事情。

一天上午，或许依然是下午——不知道为什么，我总感觉那是一个浓得化不开的白雾包围了村子的日子——母亲在电话里长吁短叹了一番，终于触及这次通话的核心议题：为父亲准备老屋。

我保持沉默。如果父亲知道了，矗立在他心里的那幢原本就已摇摇欲坠的精神大厦，肯定会在瞬间坍塌。而且我也难以置信，父亲真的已经走到这一步了吗?

母亲的声音缠绕着湿漉漉的雾水，却又像什么飘浮在空中的物体被风吹得很远。她黯然说道，已托了人在高山地区帮忙打听。那里的木材好。他辛苦了一辈子，不论现在怎么困难，还是要给他准备一副杉木老屋，不能亏待他了。

来年五月，父亲已足不出户——他急剧消瘦下去的双腿，已不能支撑他只剩下一副骨架的身体。他像一只变形的老鼠，被困于一把放置在卧室中央的灰色躺椅里，成天耷拉着沉重的脑袋，陷入无休无止的睡眠之中——对于院子里和马路上的任何动静，他都已无动于衷。

“他只是还活着。”母亲悄声咂吧着嘴巴。

某一天，在地里干活的母亲忽然与我商量请裁缝给父亲缝制寿衣的事。她就像防止有人偷听似的，压低声音说，已经在镇上联系好裁缝了。给他定做了两套长布衫，一套青色，一套白色，还有一双鞋子。

过了一阵，母亲说衣裳已拿回，父亲试过，很满意。鞋子的尺寸，也十分合脚。

端午前夕，母亲紧急把我们兄妹召回了家里。那个燥热无比的中午，她在电话里近乎哀求地对我说，你们端午节回来一趟吧——在此前，她是不主张我们端午节回去的，说来回奔波，花销太大。她的声音，哽咽、低沉、颤抖、无助，夹带哭腔。那个时候，父亲的情况已经十分不妙了。

我们匆匆赶回家里，父亲的形象确实让我们大吃一惊：一个无比陌生、外形无比丑陋的外星人抑或只有在过去的报刊上才见得到的那种近乎木乃伊的非洲饥民，毫无生气地贴在那把躺椅里。他就像是一张旧报纸，一团沉睡的影子，仿佛只要一转身，就再也别想看见他了。

我们都难以置信，这个人就是我们的父亲。

一个落着毛毛细雨的日子，父亲在躺椅里沉睡，我在地里帮母亲收割荞麦。我一边用镰刀割着匍匐在地的荞麦，一边对身旁的母亲说——或许是为了安慰她吧——以后多带她出去旅游。

母亲将手中的荞麦捆扎好了扔到田埂上，站在细雨中，望着大河对岸某个不确定的方向，叹息道：“不想去。”这三个字就像是从她身体里的某个深渊里爬出来似的。停顿了一会儿，她清理了一下嗓子，十分消沉地说：“以前，不管怎么样，总有个盼头，而现在，盼头没有了。”

端午节后，我们都因已预感到父亲来日无多——他的生命已经开始了倒计时，而不放心他一个人在那间光线昏暗的卧室度过漫长而又孤独的黑夜。我们都隐隐地担心着一件事，并为之不安。而那时哥哥已返回广东，作为次子，我自然要承担起那份义不容辞的职责。但我实在无法忍受父亲从肺部呼出来的那股腐臭味——整个卧室都飘荡着那股味道，同时也有些害怕。

母亲察觉到我的犹豫，挺身而出，每天晚上，她都会迈进那间弥漫着死亡气息的卧室，睡到离父亲不远的床上。而在此前的一段时间，她一直坚持睡在客厅的那排椅子上，随时准备起身奔赴父亲休息的卧室。

那几个夜晚，睡在厢房里的我，偶尔能听见母亲与父亲说话的声音。当然，那只是她一个人的独语，往往是问候父亲的。那时的父亲，差不多已陷入了漫无边际的梦境之中。他的嘴巴一刻不停地翕动着，就像是有一只无形的小动物在他干瘪的嘴唇上练习奔跑。他是在梦中与人对话，准确地说，是在昼夜不停与人进行长谈——他的面前，应该坐着一个、两个或者更多的人。只不过他已奄奄一息，那比蚊蝇的嗡嗡声还要细小的说话声，无人能够用耳朵捕获。

母亲一向是胆小的——虽然她独自在四野没有邻居的一间屋子里度过了漫长的少女时代——在生活中，她总是忌讳谈论一些事情（譬如死亡、鬼怪），而且对长虫一类常年匿身于洞穴的冷血动物、深渊般的黑夜和河流充满了恐惧。我从未问及，她在陪同父亲度过的那些夜晚，究竟睡着了没有。父亲虽然陷入了漫无边际的梦境，但偶尔也会自梦中醒来，睁开布满褶皱的眼皮，吃力地转动黯淡无光的眼球，环顾四周。母亲会不会害怕?

我一直抱有某种侥幸心理抑或心存幻想：父亲不会这么快离开我们。可是那个至暗时刻，最终在一个反常的黄昏来临。

其时，我和妹妹正陪着几位客人在院子里聊天。父亲独自坐卧在堂屋里的那把躺椅上，耷拉着脑袋沉睡。等我再次前去探视时，他已像一条窒息的鱼，被一口气卡住了喉咙。

母亲闻讯从另外一个房间奔来，紧紧地握住父亲的手臂，低下头亲昵而富有耐心地呼唤着他的名字。可是他既没有睁开眼睛，也没有应答。他渐渐失去了呼吸，只是体温还没有退去。大家手忙脚乱地把父亲抬到隔壁房间，母亲亲手为父亲净身，然后在四叔的帮助下，为父亲穿上了那两套崭新的寿衣。

那个晚上简直糟糕透了。前半夜，我怀着极其复杂的心情，一一给我们家的亲朋好友报信——翻动着父亲以前随身携带的那个电话簿，拨打了无数个电话；后半夜，我一直在堂屋里跟着道士先生跑堂，不曾留意到母亲。

我只记得，长辈们帮忙布置灵堂时，母亲独自在楼上收拾衣物，楼板上传来密集而急促的脚步声——她要把父亲生前穿过的衣物全部找到并打包。恍惚中，我只看见母亲的影子。或者，那个影子，是我想象出来的。

我不知道她去了哪里。

次日上午，我和母亲尾随道士先生到地里给父亲刻井。这是一件大事。母亲走在我的前面，脚步迈得很快，一片银发在我眼前闪烁。为了给父亲选择一个最佳的归宿之地，母亲和能言善辩的道士先生以及一位叔父据理力争，而我，因为缺乏相应的堪舆学知识，全程几乎一言不发。

回到家，母亲呆坐在那间曾经盛满一家人欢笑而如今凌乱不堪的客厅里，所有的喧嚣被一道无形的玻璃罩隔离。她坐在父亲以前常坐的那排椅子上，双手抱胸，眼泪扑簌扑簌地从她凹陷的脸颊上滚落而下。

母亲枯萎的胸脯连同她整个在一夜之间缩小了一圈的人，都在大幅度地耸动。她努力地把哭声咬碎在口腔里，不让它们溜出来，鼻孔里却发出了哽咽之声。

我很想抱一抱她，但终究没有付诸行动。

母亲坐在那里抽噎，像个刚刚失去了父亲的孩子。

九

二〇一八年二月，远道而来的伯父到我们家小坐了片刻。母亲照例向他倾诉了一堆恩怨是非。伯父开导她，你的几个孩子都在外面工作，你在家中要与左邻右舍处理好关系，不要影响他们的名望。

母亲误解了伯父的意思，情绪有点失控。她透露了一个我们都不知道的秘密：自从父亲离开我们后，村子里有好几个热心肠的婶婶明里暗里打探她是否有与他人另组家庭的意思，但都被她拒绝了。她说，除非这个人比我们的父亲聪明。

“可是在这个世界上，我还没有遇见过比他更聪明的人。”她补充道。

同年夏天，我们坐在院子里谈天，妻子也在，或许是想起父亲了吧，我对母亲说，要是您和爸爸以前也像我们这样好就好了。不料母亲幽幽地回应，“我们以前比你们还好，只是你爸爸到外面见了些世面后，心就变野了。”

母亲向我们炫耀，她刚嫁给父亲那会儿，父亲担心她生活不习惯——那个时候，他们的生活过于拮据，与祖父祖母分家时，仅仅分到一筐土豆——经常徒步几十里山路到外婆家，央求外婆炒一锅爆米花，好捎给她吃。

这不禁让我浮想联翩：他们曾经肯定也梦想过，要在这人世间造一座直插云霄的通天塔，只不过那梦想，在现实面前不堪一击罢了。

二〇一六年五月，我央求母亲寻找她和父亲当年领取的结婚证，好目睹三十七年前那对新人的风采。母亲在彼时奄奄一息的父亲的见证下，在卧室的一只箱子（她当年的嫁妆）里找到了，郑重地交到我手中。

一九七九年的结婚证上，并没有粘贴一张结婚登记照。

时间城堡

一

盛夏之日，苹果树茂密的枝叶间，已挂满拳头般大小的果子。

我们的眼睛穿过椭圆形的叶子，在果子上长久停留。眼睛里长出雪亮的牙齿。牙齿间溢出苹果翠绿的汁液。汁液溢向舌尖。短短的几年之间，眼睛越来越多。祖父和祖母生有七个儿子。他们要掰着手指头，才能把孙子孙女数清楚。

金属的烈焰在天空熊熊燃烧，斑斓绚丽的花朵在阴影里兀自发光。我假装在苹果园附近玩耍。一条头冠迷人的毒蛇在池塘里游泳。它的皮肤布满密密麻麻的暗红斑纹，如同噩梦，闪着光。我想起森林里的毒蘑菇。那些颜色鲜艳的蘑菇，大人们总是禁止我们靠近。“最漂亮的蘑菇，有毒。”他们总是这样叮嘱我们。

整个村子被遗弃。金属的烈焰将人们赶进梦境的深渊。只有我们家的那条黄狗，躺在长廊上意味深长地望着我。它吐出的那条舌头，又大又红。那个时刻，我想把它的舌头扯出来，挂在它的脖子上。它喘着粗气。毛茸茸的肚子起起伏伏。我想踢破它的肚子。我还没有学会大人们故事中的催眠术，不能让它打起呼噜。

苹果树已成精。它向我扔来一条光芒四射的绳索。我忘记了那条头冠迷人的毒蛇，忘记了那条不怀好意的狗，也忘记了怦怦跳动的心。它们跳出我的身体，跌落到草丛中。我顺着那条光芒四射的绳索，神情恍惚地越过吐着火舌的荨麻，越过会在夜晚变成一条条小狗的狗尾巴草，越过一眼泉水，来到了苹果树下。

我仰着头，大大小小的果子高悬于夏日明亮的天空，像夜间缀满天鹅绒幕布的硕大星星。天空开始旋转。苹果树开始旋转。果子开始旋转。我开始旋转。我额头上的汗珠开始旋转。我的胃开始旋转。我被一阵晕眩袭击，无数颗星星在我额头上方一闪而逝。直到那只冒汗的手，像在梦境中触摸到冰块一样，触摸到一个透明轻盈的苹果。那个真实而又虚幻的苹果，让我和万物停止旋转。

我的口袋里装满青涩的苹果，还有像鱼一样蹦跳的心跳。我小心翼翼地捧着它们，在金属烈焰的炙烤下，埋头往幻想中的阴影奔去，却在池塘边猝不及防地撞上祖父笑眯眯的脸。

祖父站在烈焰下，望着我手中发光的苹果，狐狸一样咧着嘴微笑。一个苹果，因为过于紧张，滚落到茂密的水草丛中。

我脸上的皮肤开始发烫，沸腾。捧着苹果的双手，也开始发烫，沸腾。汗珠开始从沸腾的皮肤下面冒出来。它们从睫毛上滚进眼球，祖父开始变得模糊，最后变成一团幻影。它们顺着脸颊滚进嘴唇，通过味蕾向上颚扩散的咸味令人作呕。

我的眼睛重新变得明亮起来的时候，祖父消失了。首先消失的是他的脸。颧骨突出的脸。山羊的脸。他的左脸颊，耳朵前方，长有一颗醒目的黑痣。像一只苍蝇叮在那里。接着是他的背影，消失于夏日那条冒着白烟的泥土路上。最后是他蹬着一双棕色凉鞋的脚，消失于路边的草丛。它们在泥土路上没有留下一个脚印。只有下雨的时候，那些脚印才从地底下生长出来。像蘑菇。

回到家中，谁也没有发现我。推开虚掩的房门，我猫手猫脚地将光芒渐渐黯淡下来的苹果，藏到一格抽屉里。那个油漆褪尽的抽屉，是姨妈给母亲置办的嫁妆。苹果诱人的芬芳，被储存到一个封闭的空间里。当它们在那一格抽屉里来回滚动的时候，那股诱人的芬芳，也跟着来回滚动。苹果的芬芳，是圆形的。

苹果还很坚硬。咔嚓一声咬下去，一排齿痕醒目地留在果肉上。牙齿开始发酸。酸得立即就要掉落。

苹果籽还是米白色的。如果不小心将它们咬碎，就会有熟悉的苦味被舌尖回忆起——母亲不想再让我吃奶，偷偷往她的乳房上涂满亮黄色的胆汁。如果不小心吞下去，就会有一棵苹果树从嘴唇里或耳朵里钻出来。

抽屉很快就空了。我和堂弟堂妹假装在苹果园附近玩耍。这一天，我们没有看见头冠迷人的毒蛇在池塘里游泳。我们家的黄狗也不知去向。除了聒噪不休的蝉鸣，村子好像空无一人。可是我们刚刚爬上苹果树，祖父巨人般的身影就出现在池塘边。怒火在他瘦削的脸上熊熊燃烧。骂声在苹果园里回旋。

我的脑袋里嗡嗡响。它变成了一只蜂桶。我们颤巍巍地站立在苹果树脆弱的枝丫里，忘记了苹果树的存在，也忘记了苹果的存在。虽然它们就悬垂于我们触手可及的头顶。我们滚烫的脸颊和狂跳不已的心脏，一起接受烈日的炙烤。

祖父绿色的双眼喷吐出骇人的火焰，僵硬的双手在胸前狂怒地挥舞。“我要打死你们！一群短命鬼。”祖父冲我们嚷道。他的牙齿变得又长又尖，他变形的脸，布满了闪电和雷霆。我们这时才像受惊的青蛙，扑通——扑通——，纷纷跳进苹果树下的魔芋林里。干燥的阴影将我们吞进巨大的肚子里。

我们躲在阴影的肚子里，咬碎呼吸，像咬碎胆汁一样苦的苹果籽。体积比苹果还要大一倍的心跳，咚咚咚——咚咚咚，在干燥温热的泥土上像皮球一样跳跃。我们的心跳，碰撞到一起，堆积到一起，最终像肥皂泡一样幻灭。

我们的口袋里装满恐惧。恐惧命令我们全身发冷。遥远的冬天提前到来了。我们颤抖着等待死神的降临。我们从未见过它，希望它像春天的苹果花一样美丽。那雾一样的苹果花，雪一样的苹果花，我们从未留意的苹果花。

死神没有降临，祖母降临了。她的黑布鞋水蛇一样游到我们面前。她冰凉而粗糙的手，散发着肥皂香味的手，把我们从窒息的阴影里救出。我们像溺水者，终于浮出晃荡着无数金币的水面。有点晕眩。她还往我们潮湿而僵硬的手中，塞进两个透明的苹果。她顺手从苹果树上摘下的。

祖母绾得完美无瑕的发髻上，别着一把黑色发卡。一枝抽象的梅花，爬行在她不再乌黑油亮的头发上。从苹果树枝叶间漏下来的一缕阳光，打在她的脸上。她的脸闪闪发光。靛蓝底碎花衬衣，穿在一阵风的身上。祖母就要飞起来了。

祖父仍站在原地，骂骂咧咧，燃烧在脸上的怒火直到黄昏时分才熄灭。

祖父漫长的一生，都与怒火为伍。

二

祖母在园子里忙碌。撅着生养了七个儿子的屁股。

园子里长满了比祖母还要高的苎麻。苎麻宽大的叶子连缀在一起，叶子上让人发痒的绒毛连缀在一起。祖母手持刃口雪亮的镰刀，把苎麻灰色的皮剥下来，抽成柔软的细丝，晒干，绾成一团，放到针线篮里。总有要用的时候。

很久很久以前，祖母应该拥有一架纺车。

园子北边生长着一棵并不存在的石榴树。它在五月吐出火焰般的花朵，在十月结出碗口大的石榴。我们从未见过那么大个儿的石榴。饱满多汁的石榴籽，沿着记忆的绳索，在父亲的唇齿之间爆裂。时间酿成的甜酒，在他的舌尖弥漫。

向我们描述这一切时，父亲下巴上爬满一圈胡须的脸，笼罩于往事的光晕之中。他瘦削的日后将在一个雨天摔碎的下巴，像是从往事里浮出来的一块岩石。

西边的悬崖上生有一丛波斯菊。村子里唯一的一丛。镇子上唯一的一丛。我在其他地方从未见过。到时间了，它就在悬崖上燃烧起来。我猜，它褐色的茎秆里面，藏着一面流动的时间之钟。不然，它怎么知道什么时候开花呢？它为什么不是三月开花，而选择了九月？我远远地望着它，就像望着一个用九种颜色的花瓣精心编织的梦幻。

我被禁止靠近。我的手，总是不由自主地伸向它。

离波斯菊不远的地方，还有一丛结香。我们不这样叫。我们称它们为梦花树。它们总是先开花，然后才长出密不透风、柔软而又脆弱的绿叶。它们手指粗的枝条韧性十足。用枝条绾一个结，同时许一个愿，便可以梦想成真。祖母说。

一年秋天，祖父送给了我一株梦花树。我把它栽到花园里。第二年春天，它就开花了。现在，它还在开花。它从未忘记这件事情。而我早已忘记当初许了一个什么愿。

祖母还在园子里忙碌。撅着生养了七个儿子的屁股。

她有时会跟种在园子里的苎麻说话，也会跟其他什么植物说话。听起来像是喃喃自语。祖母总喜欢喃喃自语。天底下所有的祖母好像都喜欢喃喃自语。谁也不知道她们在说些什么。她们爬满皱纹的口腔嚅动着，爬满死皮的嘴唇喃喃翕动着。像是念经。

可祖母并不信佛。她只是在咒骂他人时，才会频频提到菩萨。有一天，她一边在园子里握着锄头干活，一边以一种奇怪的唱腔高声歌唱：天上的大菩萨耶，天上的小菩萨耶……我和哥哥在山上放羊，竖着耳朵，辨认出了从祖母口中溜出来的咒语。她是在咒骂我们。

我们被突然而至的恐惧驱赶到更远的地方。

园子入口处悬着一条弧形绳索，上面晾着好多条床单。鹅黄色床单，亚麻色床单，青花色床单，竖条纹床单……祖母中午晾上去的。她一个上午都蹲在溪边，握着一只棒槌，啪啪啪地捶打浸水的床单。现在，它们在风中鼓荡，像是要挣脱绳索，载着村子飞起来。村子里奔跑着肥皂的清香。村子被一条条床单覆盖。

那个时候，祖母和祖父还住在祖宅里，没有结婚的叔叔们也跟他们住在一起。那几间房子，又黑又小。窗子是六边形的木格窗。窗子下边的石块上雕刻着牡丹花。那些雍容华贵的花朵永不凋谢。窗户后边是一个天井。下雨的时候，所有的雨水都汇集到天井里。“肥水不流外人田。”他们这样说。

我在祖母祖父的卧室睡过一晚。祖母抱着我。

祖母的乳房已经松弛，坍塌，像两条去皮的冬瓜垂挂在胸前。正是在那张吱吱嘎嘎作响的木床上，祖母在二十年间，先后孕育并生下了七个儿子。祖母的腹部，一次又一次像丘陵一样隆起，像天空一样隆起，直至它精疲力竭。

有时我想，如果她的七个儿子同时出生，那该是多么壮观的景象。

鼓励生育的年代，每一对新婚夫妇，都希望多生几个儿子。“儿子多，好打架，不受外人欺负。”他们总是这样笑着说。母亲也曾这样笑着说，当着我和父亲的面。祖母把这件事情做到极致。村子里，再也找不出第二个生育过七个儿子的母亲。祖母无论走到哪里，只要被问及这件事，就会引起一片啧啧声。

祖母的母亲，是祖父的姑姑。祖母是祖父的表妹。他们从小就认识，青梅竹马，两小无猜。成年之后，两人顺理成章地结为夫妻。祖母去世以后，她的一个儿子说，他们竟然没有生下一个长猪尾巴的孩子或一个傻子，真是菩萨保佑。

祖母还在园子里忙碌。撅着生养了七个儿子的屁股。

园子里总是有着干不完的事情。那些事情像杂草一样，从园子里没完没了地冒出来，纠缠着祖母的腿脚和双手，纠缠着她的眼睛和鼻子，纠缠着她的嘴巴和耳朵。忙完了春天的事情，秋天的又来了。即使是冬天，照样也有事情要干。

祖母的一生，就耗费在园子里。

三

我们最初住在几间泥巴房子里。用石头和泥巴盖起来的房子。父亲说，那是他和叔叔们盖起来的。父亲说，那一年他十七岁。

我想象不出父亲的十七岁。我不是祖父，也不是祖母。我没有见过他的十七岁。我所能见到的年龄最小的父亲，是在一帧黑白登记照片上。但照片上的他肯定不止十七岁，虽然那时他还没有遇见我们的母亲。他微微豁着嘴唇，侧视镜头，白衬衫和灰色中山装的衣领扣着脖子。中山装第一颗纽扣下方有一个黑色小洞。

我惊讶于父亲的英俊。可是我没有继承到他的身高和英俊。哥哥也没有。在我们的身体里，父亲的基因被母亲的基因打败。我们的外貌特征和性格，都像母亲。想起这件事，我们就会保持沉默。我们都在想象另外一种可能性。而这种可能性，让我们更加沉默。我们沉默，是因为我们并不能改变什么。

我们在这几间泥巴房子里住了好几年。我出生后的第三年，我们搬到了新房子里。奇怪的是，我仍然对那三年间的生活持有部分记忆。我一直以为，自己能追溯到的最早的记忆，至少得从五岁开始。可并不是这样。

我记得厨房里黑乎乎的墙壁和横梁，就像被黑色的油漆漆过一般。记得镶嵌在屋顶的两片亮瓦，两只长方形的眼睛，从天上望着我，像白雪一样刺眼。雨天的时候，它们会止不住地流泪。记得水快烧开时，水壶的圆肚子会咕噜咕噜地鸣叫，像有几个鸡蛋在里面滚来滚去。不一会儿，它嘟囔嘴巴吹响尖厉的哨子。

一个家人都不在家的日子，闪电拎着冰冷的刀子划过大地，我孤零零地坐在挂着一把锁的门前，颤抖的身体里装满恐惧。叔叔送给我一把高粱秸秆。我用牙齿咬开高粱秸秆锋利的壳，咀嚼藏在瓤里的甜。我的嘴唇被划开一道口子。我的一根手指，也被划开一道口子。秸秆上沾着淡淡的血迹。

一个雨天，我站在熊熊燃烧的火炉前，左手拿着一颗捡来的鞭炮，右手用一根火柴点燃引子，砰——鞭炮在我的左手中爆炸。我受到惊吓的左手在一阵战栗中失去知觉，大拇指的半个指甲不翼而飞。过了好一会儿，钻心的疼，才在大拇指和食指发黄的指肚上燃烧。我龇牙咧嘴，蹲到地上，不让哭声溜出来。

我甚至隐隐记得床褥的潮湿，挂在床头上方的草席，雨脚敲打牛毛毡屋顶发出的响声，哥哥半夜在夜壶里撒尿的声音，但是我不记得我睡在哪个房间，又是跟谁睡在一起，不记得家人的面孔，也不记得他们的声音。他们都像影子，无声无息地在我的记忆里游走。他们都像影子，让我拼命想象他们。

隔壁住着三叔一家。隔壁的隔壁，住着祖父祖母。祖父家的隔壁，住着祖父的哥哥与弟弟。他们的房子勾连在一起。祖父家的房子与他哥哥家的房子共用一面墙壁，也与他弟弟家的房子共用一面墙壁。他们还共用一个天井。用光滑漂亮的石板铺成的天井。祖父的弟弟曾在一块松动的石板下，挖出一只翡翠手镯。

我们家和三叔家也共用一面墙壁，还共用一个地面坑坑洼洼的堂屋，一个贴着领袖像和春联的香火台，一个从来没有装上大门的门框，一条在雨天总是会被淋湿的檐廊，一个长满了车前草、蒲公英、婆婆纳、灯笼花、蓟草和鹅儿肠的院子。生机勃勃的院子。荒凉的院子。三婶喂养的鸡群，总把头冠埋进杂草间。只有生蛋后，母鸡才抬首挺胸地在院子里奔走邀功——“咯咯嗒——咯咯嗒——”。

檐廊上坐着一副巨大的石磨。磨盘比牛的肚子还要大，磨扇比牛的肚子还要圆。活像一尊弥勒佛。邻居们都来这里磨玉米。他们背着玉米到来的时候，院子里燃烧起快活的气氛。像是过节。两个男人双手紧握光滑发亮的磨杵，推动沉重的石磨，女人往石磨的眼睛里喂玉米。石磨开始吱嘎作响。

吊在磨杵上方的绳索，开始吱嘎作响。

整个村子，开始吱嘎作响。

时间之轴，开始吱嘎作响。

二楼的窗子边上，挂着一只长方形的木匣子。每天上午八点，那只木匣子就滋滋滋地叫起来。有人开始在里边字正腔圆地说话。一个中年男人的声音。有时是一个中年女人的声音。他们的声音总是交替出现。谁也不认识那个男人与那个女人。他们躲在木匣子里，从不露面。他们的工作，就是呜里哇啦地说话。

可没有人关心他们说些什么。人们唯一关心的是整点报时。每次敲响报时的预备钟时，他们就会把手中正在忙活的事情停下来。他们齐刷刷地望着那只木匣子，竖着耳朵，张着嘴巴，等着报时。好像他们生活的全部意义，就是等着报时。

时间被囚禁在木匣子里。

我们搬到新房子后，父亲认识了一位广播站的播音员。父亲受雇于他，开始在雨天做木匣子。漂亮的木匣子。能说话的木匣子。能整点报时的木匣子。它们被挂在镇子上其他人家的墙壁上。每户人家的墙壁上，都挂着一个漂亮的木匣子。

“十块钱一个。”父亲站在煤油灯前，一边蘸着唾沫数钱，一边对母亲说。

父亲巨大的身躯，占据了整个房间。他的两条大腿斜长在地上，胸部以下的部分，比一整面墙壁还要宽阔，那么大的一颗脑袋在黑色的楼板上晃动，两只粗壮的手臂，在另外两面墙壁上爬行。房间太小了，父亲只能把自己折叠起来。

母亲站在父亲旁边，我们看不见她。她被父亲的影子覆盖。

母亲的一生，都被父亲的影子覆盖。

四

祖父从水井里挑水。他的脸和上半身倒映在水面。木桶张开嘴巴像马一样咕噜咕噜饮水时，祖父的脸开始融化，一圈圈漾开，然后消失。他提起木桶时，他消失的脸又从四面八方汇聚到一起。他往回走时，冒着热气的水在木桶里晃荡。碎裂的天空在木桶里晃荡。他的倒影在木桶里晃荡。可它们仍然没有离开木桶。

我站在池塘边，远远地望着祖父穿过我们家的院子。他的背有点驼。头发却还是一团乌黑，见不到一根白发。他的脚步一颠一颤的，像跳舞，更像是身后有一条恶狗紧追着他。我站在池塘边，看着一只膨胀的木桶朝我的眼睛撞过来。我把池塘里的那块镜子扔到一边。我准备镶嵌到窗户上的镜子。它闪烁着寒光。

“到我们家玩去。”那只木桶在我面前旋转。祖父在木桶后笑眯眯地向我发出邀请。他左脸颊上的那颗黑痣，格外醒目。我的双脚违背母亲的叮嘱，朝祖父家走去。玻璃般的水声在我身后晃荡。祖父微微的喘息声在我身后晃荡。祖父沉重的脚步声在我身后晃荡。我还听到嘎吱嘎吱的响声，从祖父的身体里传来。

祖母端着一只果盘，踱进厨房。果盘里有一条长胡须的蓝鲤鱼游动。它从不喝水，也从不睡觉，眼睛眨来眨去，摆动着尾巴。祖母弯下腰，揭开一只陶瓮的盖子。她胳膊肘以下的部分，被陶瓮深不见底的肚子吞没。手肘重新出现在她身上的时候，果盘里多出一样东西。用烤焦的麦芽糖和玉米花混合而成的一种零食。

麦芽糖的甜味属于我。玉米花的香味属于我。它们让我的手显得很小很小。但盘子还是祖母的。那条鲤鱼还是属于祖母的。祖母从未想过要将它从果盘里捉起来，扔到油锅里。祖母的一生可能都没有吃过鱼。想象她慢吞吞捋鱼刺的样子，就显得特别滑稽。她嘴角鱼鳞般繁衍的皱纹，比老猫翘起来的银胡须还要多。

这天是农历大年初一。人们都喜欢清晨有一个男孩子到家里做客。送财童子来啦。他们喜笑颜开。如果是女孩子，他们的脸上就像打了一层霜。这一天，女孩子都被禁足，哪儿也不允许去。“你若去了，人家会不欢喜的。”母亲们总是这样叮嘱女儿。她们早已忘记，她们还是个孩子的时候，在这一天有多想出门。

回家后，母亲没有责备我。尽管我的嘴角和手中都还沾着麦芽糖的甜味和玉米花的香味。这一天可以是一个例外。这一天之后，我的特权就被没收了。父亲和祖父不说话。母亲和祖母不说话。他们在村子里碰到了，都把脸扭向一边。好像谁也不认识谁。好像恰好自己被一件有趣的事情吸引。

祖父和祖母都不爱父亲。父亲和母亲结婚后，仅仅分到一筐土豆和很少很少的玉米。如果不是外婆和姨妈接济，他们很难熬过那个冬天。河谷地带的冬天又漫长又寒冷。如果不是外婆接济他们的高粱米暖和他们的胃，就不会有我们兄妹了。粗糙的高粱米，香喷喷的高粱米，让母亲有力气怀上了第一个孩子。

祖父和祖母都不爱父亲。雨季的一个清晨，在一起争吵事件中，父亲被他最小的弟弟打倒在地。从玉米地里赶回来的祖父，从墙角抄起棍棒，扬言要打死父亲。从玉米地里赶回来的祖母，像一头发疯的母兽，在围观的人群面前捶胸顿足，用世上最恶毒的语言诅咒父亲。她发白的舌苔上长满可怕的荆棘。

这个雨季的清晨，父亲躺在地上，因为疼痛、伤心和屈辱，蜷缩成一团。他像一个失聪者，听不到任何声音。

他们的脚，远远地踢踏着。他们的手，戳着他的鼻子。他们的脸，扭曲变形。父亲被彻底激怒。冲回家，他坐在磨刀石前沉默地磨着一把锈迹斑斑的尖刀。他在逐渐变得雪亮的刃口上，照见了自己陌生的脸。

祖父和祖母都不爱父亲。一个黑漆漆的夜晚，祖父来到我们家院子，叫父亲到他们家商量一件事情。母亲从祖父阴郁的脸上嗅到危险的气息，阻止父亲，却没有成功。激烈的争吵声和打斗声随即从我们住过的那几间泥巴房子里传来。

夜晚巨大的胃，不安地痉挛着。它被父亲压抑的抽噎声填满。他耸动着的胸部，像一个年久失修的风箱，发出令人心悸的声响。我们躺在黑暗中，不敢翻身，不敢呼吸，不敢发出任何声音。我们睁着眼睛，什么也看不见。

第二天上午，祖父在一片狗吠声中踱进父亲的卧室，手里拿着来历不明的药丸。父亲拒绝了祖父的问候与药丸。他昨晚怄得抓破了一条床单。母亲说。整个枕头都被泪珠子湿透了。母亲继续说。祖父一声不响地离开了。祖父心事重重地离开了。我们都不欢迎他。假仁假义。假慈悲。

我们冲着他的背影说。

祖父和祖母都不爱父亲。祖父把闪烁着寒光的锄头高举过头顶，发疯似的挖掘我们家的院子。院子里的水泥地上迸射出火花。祖父是一个疯子。祖母坐在我们家的客厅里撒泼，呜呜呜地哭泣。祖母是一个疯子。我们都离开房间，带着无可奈何的愤怒。祖母停止哭泣。她的表演，需要观众。

祖父和祖母都不爱父亲。我和父亲从镇上回来，祖父正在猪圈门口忙碌。祖母喂养的母猪刚刚生了一窝小猪崽。祖父听见脚步声，抬起头，远远地冲我们说，回来了呀。父亲愕然地点点头。我们与他擦肩而过时，他把脖子伸进黑黝黝的猪圈。他的脸埋没在阴影里。你爷爷刚刚把我认成你三叔了。父亲说。

父亲的一生，像个孤儿。

五

两间漂亮的新房子，蘑菇一样，从那两间祖宅外边的空地上冒出来。祖父和祖母盖的新房子。他们那间黑黝黝的卧室保留着。那面结实的与别人家共用的墙壁保留着。

头顶铺着黑色竹片的后廊子保留着。那是村子里最早出现的平房。

四叔要结婚了。祖父祖母和没有结婚的叔叔们，搬到了我们住过的那几间泥巴房子里。他们扫除房间里的蜘蛛网和灰尘，爬上屋顶修葺破损的牛毛毡。他们在窗子上钉上崭新的胶纸，在火炉里烧出新鲜的火苗。厨房里又飘荡出呛人的油烟味。祖母在烟雾中握着锅铲弯腰咳嗽。她臃肿的影子游荡在厨房和猪圈之间。

婚礼那天，唢呐在堂屋里奏鸣的时候，我站在新房客厅里的一把椅子上，高昂着脑袋在一架壁橱里翻找幻想中可能存在的宝贝。椅子滑倒了，我仰面跌落到地面。我的后脑勺撞到火炉坚硬的角，钝痛。伸手一抹，满手猩红。鲜血像西红柿的汁液。我哇哇大哭。父亲把我抱在怀里，禁止我哭泣。三叔取来镊子和纱布，帮我包扎伤口。他是一个从未公开出诊的乡村医生。

我的后脑勺留下一道疤痕。那个地方，再也没有长出新的头发。只要触摸到这道疤痕，我就会想起这件伤心事。我的双手、双脚和大腿，都留有类似的疤痕。时间没有让它们消失。每一道疤痕，都替我记着一件不同寻常的往事。许多事情我其实早已忘记。是视觉和触觉帮我恢复了记忆。消失多年的疼痛感，总是会在记忆复苏的那个瞬间重新爬到疤痕上。但疤痕不会重新裂开。

新房卧室的壁橱里放着许多牛皮纸信封。每只信封上都贴着一枚好看的邮票。我试图将那些盖着一个邮戳的邮票撕下来，但它们粘得太紧了。信封里还装着许多帧照片。照片上的四婶很年轻。她站在陌生的地方，冲着镜头微笑。她曾在陌生的地方工作。我们把那个地方叫作县城。现在，她不得不在村子里生活。

四叔会画画。他画了厚厚的一本画册。老虎在丛林里游荡。猴子攀在树枝上。马群在奔跑。鹦鹉在唱歌。黄牛在沉默地走路，顶着一对倔强的角。狗歪着方形脑袋，摇晃着尾巴。猫咪从拐角转过头来，邪恶地盯着你。公鸡在打鸣，胸脯挺得老高。母鸡在觅食，身旁滚动着绒线球般的鸡雏。还有许许多多陌生人的肖像。

谁也不知道四叔跟谁学的画画。他是一个沉默寡言的人。沉默寡言的人总是拥有许多不为人知的秘密，也总是拥有许多让人惊叹的天赋。只不过，那些天赋，有时会被无视和浪费。那本画册，最终都被四婶一页一页撕下来，给堂弟擦了屁股。堂弟成年以后，在他们家的院子里办过一个小型画展。几十幅静物画，挂在一条晾衣绳上。陌生人的肖像，陌生的陶罐，陌生的苹果，陌生的向日葵。

五叔要结婚了。在父亲和叔叔们的帮助下，他在园子西边盖了几间房子。园子已经荒芜。满园的苎麻只剩下寥寥几株。春天的时候，满天星开满园子。蝴蝶围绕小小的太阳跳舞。它们的身体那么轻盈。简直像梦一样轻盈。没有一丁点儿重量。看起来很不真实。而祖母和她的影子越来越臃肿。村子里的祖母都是臃肿的。

六叔要结婚了。他拆掉了三叔一家住过的那几间泥巴房子——三叔一家四口在一个夏天（也许是冬天）搬到了溪流西边的一片山坡上。他们在那里盖了几间石头房子。离我们的房子很远——他还拆掉了那个地面坑坑洼洼的堂屋。他还拆掉了许多门和窗子。他还拆掉了我们许许多多的记忆。

我曾和哥哥、堂弟躲在他们家的储物间抽烟。堂弟从他们家二楼的床铺下找到的一包香烟。香烟皱皱巴巴的，没有过滤嘴，烟丝爬满灰色霉斑。我们带着隐秘的狂喜，一边学着大人的模样从鼻孔里喷吐烟雾，一边捂着嘴巴剧烈咳嗽。

我曾和祖父在三叔一家住过的某间没有窗子的卧室同睡一床。被褥潮湿，霉菌的气味在鼻翼前游走。祖父很谨慎地打着呼噜。我整晚都没有睡着。我默默等待天亮。然而，天亮了，我们也不知道。我们凭着对时间的模糊记忆起床。

六叔在废墟上盖了两间新房，迎娶他美丽的新娘。

六

妹妹毫无征兆地出生了。

新年之后一个春寒料峭的晚上，我和哥哥已经睡觉。三声婴儿的啼哭，把我们从梦中吵醒。那啼哭声，像夏日的花瓣一样绽开。夏日攀在篱笆上的喇叭花。握着紫色拳头的喇叭花。我们从床上坐起来，趿拉着母亲做的灯芯绒布面鞋子，摇摇晃晃地走向楼梯口。灯光刺眼。

我们不知道发生了什么事情。

是谁在啼哭?

我们吐出来的话像是梦中呓语。我们虽然醒来，可仍有一部分停留在长长的梦境里。我们只是从梦境里探出了脑袋。这个脑袋里装满了疑问。也有可能是沙粒。偶尔晃动脑袋，沙粒在里面沙沙作响。沙粒碰撞着沙粒。

妈妈给你们生了一个妹妹。祖母冲着我们探下楼板的脑袋说。妈妈给你们生了一个妹妹。父亲把祖母的话重复了一遍。他们的话,用金色的喜悦之水浸泡过。他们的嘴巴,也用金色的喜悦之水浸泡过。他们的脸庞也是。像喝了烧酒。

父亲更像是中了头彩一样高兴。他欢快的脚步声像是在唱歌。他一定在偷偷唱歌。用牙齿唱，用舌头唱，用眼睛唱，用鼻子唱，用耳朵唱，用手指唱，用脚指头唱，用肩膀唱，用头发唱，用变得轻盈的身体唱。

父亲一直盼望生个女儿，而女儿在这个晚上来了。

我们要和妹妹一起睡。

今晚不行。

就要今晚。

不行。快点睡觉去。

我们重新钻回被窝。被窝里还冒着热气。好像我们根本就没有离开被窝。可脑袋里的疑问还没有散去。疑问像雾。乳白色的大雾，总是从河谷里漫上来，伸长脖子，张开嘴巴，吃掉村子里所有的房子和成片成片的玉米地。

我们不知道母亲怀孕了。我们没有发现任何异常。白天，我们沉浸于陌生世界的缤纷色彩和游戏制造的喧哗与浪花之中。夜晚，我们纷纷长出巨大的翅膀，在村子上空练习飞翔。只有在午饭和晚饭时间，我们才见到母亲。

生你的那一天，我在麦地里割了一天麦子。麦芒针尖一样扎手。那天天气很热。汗珠子在我的脸颊上，雨水一样往下滚。我的眼里进了盐。咸得我涌出火辣辣的泪花。我的嘴角也进了盐。咸得我不停地吐口水。母亲后来对我说。

生你的那一天，我上午到水井里挑了好几担水，直到水缸装不下更多的水。下午在厨房用筛子筛了一大堆煤灰。煤烧完了。我们不得不从池塘挖来黑色的淤泥，把和着淤泥的煤灰捏成煤球。母亲后来对妹妹说。

妹妹出生的第二年，四婶给我们生下一个弟弟。过了两年，五婶给我们生下一个弟弟。过了两年，四婶又给我们生下一个妹妹。过了两年，五婶又给我们生下一个弟弟，六婶给我们生下一个妹妹。过了两年，七婶给我们生下一个弟弟……

婴儿不停地出生。可在他们出生之前，我们没有一次发现异常。母亲们像以前那样，出没于厨房、猪圈和玉米地之间。她们的双手沾满草绿色的汁液。她们围裙的纹路里浸满油烟味。她们的衬衫上游荡着汗臭味。她们从来没有去过医院。她们很少走出荨麻在路边投下阴影的村子。她们到镇上去一趟，都像是过节。

我们从哪里生出来的？

你们猜？

从肚脐眼里吗？

是的。

从胳肢窝里吗？

是的。

从耳朵里吗？

是的。

从鼻子里吗？

是的。

到底从哪里？

从小溪边捡来的。

你骗人。

从牛屎堆里扒出来的。

然后是一长串咯咯咯的笑声。父亲也跟着笑。他们的笑声缠绕在一起，像一条正噼里啪啦燃烧的绳索。

我们的眼睛开始变绿。

我们的哭声从胸口上升到嗓子眼。它们像冰凉的井水，在喉咙里咕噜咕噜响。但我们闭紧了嘴巴。于是，牙齿咯吱咯吱作响。

我们感到被遗弃。

我们的肩膀和胸脯慢慢垂下来。

整个世界慢慢垂下来。

我们的耳边又响起一串咯咯咯的笑声。

另外一条噼里啪啦燃烧的绳索。

当妹妹也被这个疑问所困时，我们口径一致地声称，“你是从溪边捡回来的。”妹妹挥舞着小手据理力争。她小小的脸庞，因为激动而涨得通红。在母亲口中得到同样的答案之后，她开始伤心地哭泣。她把变得苍白的脸庞扭向一边，不再理会我们。一连好几天，她都不同我们说话。

村子里的每一个孩子，都是从小溪边捡回来的。

七

星期六和星期天，父亲总是命令我牵着牛去森林里吃草，直到它毛茸茸的肚子像一只巨大的皮球那样鼓胀起来，我才能回家。否则，父亲就会黑着脸冲我说，你看看，它的肚子还是瘪塌塌的，你就跑回来了。我害怕父亲脸上的怒火蔓延到他粗糙的手掌上，不得不在森林里待上一整天。

这头牛并非我们家独有，而是和村子里另外两户人家共有。鄂西方言里，我们把这种事情称作“扯伙儿喂”。堂伯父家拥有两只脚股份。我们家拥有一只脚股份。另外一户人家拥有的股份和我们家一样多。“我们有一脚。”父亲总是这样回应陌生人的疑问。我们轮流喂养。到了耕地的季节，我们也轮流使唤它。

刚刚买进那一脚股份时，它还是一头牛犊。两只牛角还没有完全冒出来。像两块藏匿在草丛中的岩石。我不敢触摸那对牛角。每次颤巍巍地伸出手，最终又颤巍巍地缩回。我的手上爬满锯齿形的恐惧。

它四方形的脑袋，装满鲁莽的想法。它圆鼓鼓的眼睛，有鹅卵石那么大。它沉重的蹄子，深深地踩进泥土里去。整个村子都随之下沉。

黑色的星期六和星期天。每次牵着牛去森林，我都像死过一次。父亲叮嘱我，你要走在牛的前面。你走多快，它就走多快。可我总感觉它心怀叵测地追赶着我。它坚硬的牛角会挑破我的屁股，它结实的肚子会把我撞翻在地，它黑色的蹄子会把我踩扁。想着这些，我总是越走越快，快得就要窒息。

有的时候，我不得不壮着胆子停下来，小心翼翼地转过身，龇牙咧嘴地挥动胳膊肘，生气地跺脚，吓唬它——瞎眼了，你。它喷吐着两股气流的鼻子，刚刚顶到了我的屁股。它的鼻子湿漉漉的。我模仿父亲的口吻骂它。可是它对我的警告不屑一顾。它看穿了我。我不知道怎么办了。我的脸涨得通红。

这个庞然大物昂着四方形的脑袋，越过我沾满泥巴的鞋子，越过让我周身毛骨悚然的恐惧，气度非凡地迈向森林边缘的草地。它毛茸茸热乎乎的肚子比路面还要宽阔，我不得不侧身给它让路。它的尾巴扫到我的脸颊，像被仇人扇了一巴掌。一股令人作呕的味道扑进鼻孔。我紧皱鼻子，停止呼吸。我的全身开始发痒。

到达森林边缘，牛立即对我失去兴趣。它把我扔到一边。它开始追逐滚动着露珠的青草和顶着亮黄色花序的野花。它伸出长着倒钩的舌头，把青草和野花卷进四个胃里。它方形的嘴巴里发出铡草机一样的声音——咕咕——咕咕——，它的嘴巴嚅动着，它的四个胃蠕动着，它深不见底的肚子蠕动着。

我坐在一块干净的岩石上。看着牛怎样吃完草地上所有的青草和野花，又看着青草和野花怎样从牛高耸的屁股后面像雨水一样冒出来。只要一场足够长的雨水，被牛的舌头收割过的草地，就会长出更加茂密的青草，更加惹人怜爱的野花。

只要一场足够长的雨水，村子里就会多出许多年轻的父亲与母亲。

孩子们在雨季总是像泡桐树一样疯长。他们的身体里，装满雨水。他们像小牛犊那样在村子里疯跑的时候，雨水在他们的肚子里咕噜咕噜直响。

村子在小溪的那一边走动。每一栋用石头砌成的房子，都像一头行事鲁莽的牛。那么多的房子聚集在一起，其实是一群牛聚集在一起。牛群走动，村子跟着走动。我们家的房子，像牛的肚子，不停地膨胀。

我们总是在傍晚回家。牛毛茸茸的肚子已和脊椎一样高。里面装着春天的草地，夏天的草地，秋天的草地。只有冬天的时候，它才终日被关在干燥的圈栏里，一声不吭地啃食玉米秸秆和玉米壳，对角落里的羊和老鼠不闻不问。

父亲把一捆干燥而又粗糙的玉米壳抱到牛的面前时，从来不会忘记在上面喷上一层淡盐水。他端着吃饭用过的碗，像马戏团里会口吐火焰的魔术师一样，将盐水咕噜咕噜饮进嘴里，然后噗噗噗地喷出一场小小的雨水。含着盐分的雨水。

牛在冬天需要吃一点盐。不然没有胃口。父亲说。

深秋的时候，父亲赶着牛去犁土豆地。他的手中握着一根用竹条做的鞭子。但他永远只是象征性地挥舞着鞭子。那一道道在空气中炸裂开的细小闪电，从来不会真正落到牛背上。牛会感到疼。虽然牛皮很厚。比戳破谎言的手指还要厚。

这几天，牛每天都会吃到两顿热气腾腾的玉米糊糊。每一顿，都是满满一桶。它总是低下头，把四方形的脑袋没入桶中。它像在池塘里饮水一样，把玉米糊糊咕噜咕噜地饮进四个胃里。我站在很远很远的地方，都能听见咕噜咕噜的声音从它的喉咙里传来。它冒着热气的喉咙，深不见底。

牛干活时需要吃一点粮食。不然没有力气。父亲说。

有一次，父亲赶着牛犁地时，我提着篮子，撅着屁股在他们面前捡拾被犁铧捎带出来的土豆，夏天没有挖干净的土豆。可能是我的行为激怒了牛，也可能是它不喜欢孩子，它忽然停止劳作，昂着四方形的脑袋和两只硬邦邦的牛角，尥着蹶子，拖着犁具，怒气冲冲地向我狂奔而来。

一场灾难即将降临。

我的脸瞬间变得苍白。我呆立在原地，忘记了逃跑。是父亲及时阻止了这起悲剧性事件。他很快从惊愕中镇定下来。他攥紧手中的牛鼻绳，向身后仰去。他的双脚，像牛蹄那样深深地踩进潮湿的泥土里。他阴沉着脸，低声吼道:瞎眼了，你。我从恐惧中缓过神来，不知道他是在骂我，还是在骂牛。

父亲继续犁地，继续阴沉着脸。他仍没有拿鞭子抽打牛的脊背。

很久很久以前，我们家喂有一头大黑牛。有人买下它。宰了吃肉。它已经衰老得不能犁地了。交易那天，它长久地跪在小溪边，不管买主如何用力牵动牛鼻绳，它都无动于衷。它的两颊上落了一场雨水。湿漉漉的绒毛凝结在一起。直到祖父走过去，对它耳语了一番，它才缓缓从地面站起来，对着天空长哞。叫声催人泪下。没过几天，买主捎来消息，赶在屠夫动刀之前，牛已绝食而亡。

很久很久以前，父亲患有严重的风湿病。犯病时，他因为浑身奇痒无比而在地上打滚，砰砰砰地撞墙。村子里的赤脚医生传授一偏方，把刚刚屙出来的牛屎在炉火上烘干，碾成粉末，冲水喝。祖父从另外一个村子用芭蕉叶带回一包热气腾腾的牛屎。母亲按照赤脚医生的方子，把它烘干，碾成粉末，冲了一碗水。

父亲端着这碗黑乎乎的水，始终没有张开嘴唇。

八

雨天，孩子们都喜欢在屋檐下玩雨伞。灰色雨伞。红色雨伞。紫色雨伞。方格子雨伞。长柄雨伞。短柄雨伞。我们站在湿漉漉的走廊上，把雨伞举过头顶，旋转着手中的伞柄。珍珠做的帘子扑打在旋转的雨伞上，也跟着旋转。一朵“雨伞之花”在我们手中绽放。透明而又无辜的雨水，在晕眩中被带到更远的地方。雨脚在地上碎裂。易碎的雨脚，是童话中穿在公主脚上的水晶鞋。

这是不被允许的。雨季来临的时候，墙壁上的石头渗出指肚大的水珠。石头在流汗。潮湿的地面，拧得出水来。潮湿的空气，拧得出水来。桌子的腿和脚，椅子的腿和脚，都爬上了灰色霉斑。霉斑也有生命，也有腿和脚。干瘪的玉米里长出飞蛾和棉虫，胚胎那里是一个虫眼和一串令人恶心的粪便。我伸出手抚摩自己的腮帮，里面多出两颗难以忍受的虫牙。看不见的蛀虫，日夜折磨着我。

大人们不允许孩子把更多的雨水带进房间。雨水会带来霉运。

不被允许的事情还有很多。

不允许在室内把打开的雨伞罩在头上。“如果那样做，头上就会长癞子。你们看看村子里的那些癞子，有多丑。”大人们总是这样警告我们。可是趁他们不注意的时候，我们总是会飞快地打开雨伞，怀着隐秘的兴奋与恐惧，把它罩在头上，然后又飞快地把它收拢，看看是否真的会长出癞子。夜晚来临，我们感到头皮发痒。我们担心的事情正在发生。爬满床铺的恐惧和噩梦让我们感到痛苦。可是第二天，我们就将这件事情忘记得一干二净。

不允许下雨的时候在室外玩耍。一场暴雨离村子还很遥远，我们就被母亲唤回家。“下雨的时候，不要到外面去玩。小心感冒。”可是大雨真正到来时，我们总是会打着赤脚飞奔到院子里的两棵女贞子树下。我们喜欢在树冠下躲雨。我们喜欢凉飕飕的雨珠子冷不丁地落进我们的脖子。我们喜欢把双脚踩进充分发酵的泥巴里。我们喜欢泥巴从脚趾缝里像泥鳅一样钻出来。我们喜欢揪出泥团，制作各式各样的面包、坦克和汽车。太阳重新露脸时，让它们接受高温的炙烤。

不允许到溪边去。野蛮的牛群，在溪涧里咆哮。轰隆轰隆的响声，像战争片里坦克的履带碾过村子。据说原来那是一条很小很小的小溪。名副其实的小溪。我出生的那一年，雨季尤其漫长，山洪暴发，无数巨石，在电闪雷鸣中，从天上滚落而下。它们撞开小溪的皮肤，粗鲁地奔向山脚的大河。小溪从此变成深涧。

有人在那里丢失过一只鞋子，也有人在那里丢失过魂魄——一条黑皮肤的蟒蛇吸走了他的魂魄，他开始胡言乱语，颠三倒四，整日整夜圆睁着眼睛，然而眼神空洞，直至巫师把他的魂魄重新召唤回来。

还没有孩子和羊群被暴涨的洪水冲走的先例。但是大人们总是担心自己的孩子和羊群会被洪水冲走。他们禁止我们在雨天靠近那条小溪，也禁止我们在雨过天晴之后，赶着羊群跨过那道还没有瘦下去的洪水。

我们对洪水的恐惧，来自他们的“禁止”。

不允许到森林里去。森林里有野猪。野猪吃人。它们闪着寒光的獠牙比镰刀还要锋利。森林里有蟒蛇。蟒蛇也吃人。它们用又长又粗的尾巴缠住你的脖子，让你无法呼吸。如果你反抗，它们就把你捏碎。它们捏碎你，就像捏碎一颗鸡蛋那么容易。森林里有魔鬼。魔鬼会障眼法，让你大白天的也会迷路，永远走不出黑色的森林。有的时候，成精的藤蔓植物，也会趁你不注意时，冷不丁地伸出无数只手，把你困住，然后一口一口地把你吃掉，连骨头都不吐。

可是森林里也有甜甜的野枇杷和野葡萄，有酸酸的野樱桃和野山桃，有多籽的八月瓜和九月红，有会把嘴唇和双手都染成紫色的桑葚，有被蛇吐过唾液的悬钩子和覆盆子，有全身布满红点花纹的虎杖，还有大片大片的鸢尾花和老鸹叫。

有一次，我在森林里被一片望不到边际的老鸹叫迷住了。

它们是那样美，美得我不敢呼吸。每呼吸一次，它们就变得更美。这么美的花，为什么要用丑陋的老鸹为它们命名？老鸹在村子上空叫来叫去的时候，老人们就会彻夜难眠，他们担心自己一旦闭上眼睛，就再也醒不过来。因此，他们禁止孩子学老鸹叫。“不要学老鸹叫，否则嘴巴会变臭。”他们总是这样吓唬孩子。

它们是那样美，美得我不敢挪动脚步。每挪动一步，就会踩碎其中一朵。我不想踩碎它们。我知道它们也会喊疼，只不过它们的声音太细弱了，我们听不见。它们也会流血，只不过它们的血液是绿色的，我们不认为那是血液。

我忽然感到害怕。害怕那些花会张口说话。害怕那些花是魔鬼变的。害怕那些花会伸出长满触须的手臂缠住我的脚。我不顾一切地奔跑起来。它们在身后以同样的速度追赶着我，嗡嗡嘤嘤，喧哗不已。当我因为更大的恐惧停下来，猛地转过身去时，它们又安静下来，无辜地注视着我。

我的鞋底，被染成了草绿色。我还打碎了许多无辜的露珠。我感到罪恶。我高昂脑袋，望着头顶的天空，请求宽恕。可是被树冠遮挡的天空，空无一物。我不知道向谁请求宽恕。于是，我俯身摘了一把老鸹叫，让它们绚丽的色彩陪伴我。

后来，我才知道老鸹叫又叫曼陀罗。这个曼妙的名字，才配得上它脆弱的美。

不允许大清早说梦。不然美梦会破碎。

不允许下午剪指甲。也不允许下午梳头。不然记性会越来越差。

不允许晚上照镜子。不然会噩梦缠身。

不允许深夜吹口哨。不然会招来鬼。

九

母亲很晚才从地里归来。暮色跟在她身后。暮色是一条深灰色裙子。母亲穿着这条深灰色裙子，从地里归来。她一手挽着父亲编织的筐子，筐子里装满了热乎乎的鹅儿肠，一手握着锄头光滑的把柄。锄头在她肩上一动不动。她迈进院子时，那条裙子在她身后变成了颜色更深的裙子。整个村子，都被穿进那条黑裙子。

母亲身上，混合着汗臭味和鹅儿肠的清香，白衬衣上还染着油菜花亮黄的花粉。她把油菜花馥郁的芳香也带回来了。森林附近的油菜地，已经噼里啪啦地燃烧起来了。

燃烧成一片花海。蜜蜂整天嗡嗡嗡地围绕着花朵鸣叫。它们从来不知道疲倦。它们永远哼唱着同一支歌。它们总是把小小的脑袋，深深地埋入花蕊里。

这一天，母亲在土豆地里除草。土豆已经长出墨绿色藤蔓。枝叶粗糙，虎头虎脑。再过两个月，它们就会在枝丫间开出漂亮的紫色花朵，结出并不常见的青色果实。鄂西方言里，我们把这种果实称为“牵吊果”。母亲偶尔会从土豆地里带回一串湿漉漉的牵吊果。拿菜刀切开它们，里面除了绿色的果肉，什么也没有。

傍晚的时候，母亲钻进潮湿的油菜地，把细长的鹅儿肠连根拔起。游走在她身后的筐子越来越沉。暮色加重了它的分量。母亲不得不把筐条挪到胳膊肘那里。她的胳膊肘，一定火辣辣地疼。她的胳膊肘，一定留有一道筐条的勒痕。第二天，那道勒痕也不会消失。它就像长在了母亲的胳膊肘上。

油菜花的花期很长，成熟却是一夜之间的事。有一天，母亲愤怒地对父亲说，蜢子来了。不用去地里，我们就知道是油菜灰白色的菜籽荚上粘满了密密麻麻的小虫子。它们的生命很脆弱，只需用两个指头肚轻轻一捻，就尸骨无存，却会让所有的油菜都生病，都坏死。它们身上挟带着看不见的病菌。可怕的病菌。

父亲戴顶颜色发黑的旧草帽，背着一个草绿色的喷雾器去了地里。他变成了医生，蜢子的克星。他摁动黑色的手柄，刺鼻的雾气从喷头里喷出。油菜变得湿漉漉的。父亲也变得湿漉漉的。他的衣裳上残留着那股刺鼻的味道。他拒绝我们靠近。那股味道，令你头晕目眩，令天空与村子旋转，令你夜晚噩梦连篇。

油菜细长的藤蔓由青变黄，躲在菜荚里的菜籽由白变黑。赶在雨季到来之前，父亲和母亲手握雪亮的镰刀将油菜收割。成捆成捆的油菜和它们潮湿庞大的影子，跟随父亲沉重的脚步迈进宽敞的堂屋。最高处的藤蔓，直顶到天花板上。

羊群般雪亮的光线，被赶了出去。逼仄的堂屋里像黄昏一样昏暗。

雨季如期而至。油菜藤蔓在黑暗中发酵。空气中弥漫着森林里陈年落叶的气味。我把手伸进未知的黑暗中，潮湿的高温让我立即缩回手。可那股潮湿与温热，像蜗牛可恶的黏液，爬在我的手臂上。在我的注视下，它显得笨拙僵硬，不敢确认刚刚触摸到了什么。我把耳朵靠近藤蔓，耳朵里沙沙作响。

我飞快地跑出堂屋。我没有告诉任何人，我听到了什么。

雨季过后，油菜籽在烈日下滚动，沙沙作响。黄昏时分，我和父亲把它们装进口袋里时，它们在我的脚底滚动，沙沙作响。我的脚底发痒。我不得不弓起脚背。脚指头蜷缩在一起。我想咯咯笑。可只是偷偷地笑。我不敢让笑声冒昧地越过牙齿的边界。我怕父亲说我是疯子。无缘无故的笑，总是让人一头雾水。

我和父亲干活的时候，谁也不说话。只有油菜籽在口袋里沙沙作响。只有星星在我们头顶沙沙作响。我们的表情越来越僵硬。我们的动作也越来越僵硬。像沉重的暮色一样僵硬。像暮色中群山的轮廓一样僵硬。谁也不想说第一句话。

父亲带着我去村子里的作坊“打油”。油菜籽在父亲的背上沙沙作响。石子在我的脚下沙沙作响。阔叶林带树叶在微风中沙沙作响。还有看不见的东西，在我的心底沙沙作响。我们穿过一片长满丛树的山冈，穿过空旷的村委会广场，穿过大半个村子来到作坊。

菜籽饼热烘烘的香气，四处游荡。

还轮不到我们。我们像鸟儿一样收拢翅膀躲进巨大的树冠里。我们张开嘴巴，大口呼吸。好像我们刚刚在来作坊的途中，忘记了呼吸。父亲的肚子一起一伏。烈日炙烤着村子。宽大的树叶镶着金边，变得透明，黑色的叶脉跟父亲手臂上的毛细血管一样纤毫毕现。我的凉鞋发烫。坚硬的皮质材料软乎乎地贴着我的脚。

我不想穿鞋。我想打赤脚行走。但这是不被允许的。

“那样会感染真菌。”父亲以前总是这样告诫我们。他以这样的口吻说话的时候，总是会有一两粒火星从他的嘴角迸出来。我们不敢反对，只有接受的份儿。

我们大口呼吸的时候，一位头戴草帽的农妇，挽着一只篮子，从白色的烈日下向作坊走来。可能是作坊主的妻子。她一边像村子里其他农妇那样漫不经心地行走，一边往嘴里喂着一颗红色的果子，偶尔有鲜红的汁液从她的嘴角淌下来。

我从未见过那种果子。我盯着她宽大而粗糙的手，看着它怎样把那颗陌生的果子送进嘴巴。我盯着她的嘴巴，看着它怎样咬下一块多汁的果肉。我偷偷地吞咽了好几次口水，可是我想象不出那种果子的味道。也许是苹果的味道。

父亲也不认识那种果子。因为他的目光里也流露出好奇。而且他的好奇一点也不比我的少。至少农妇经过我们身旁时，我没有张开嘴巴向她询问。

这是什么果子？父亲伸长好奇的脖子，问那位中年农妇。

西红柿。中年农妇把最后一口果子喂进嘴里。她布满细小皱纹的口腔嚅动着。

这个烈日炎炎的夏日中午，我们认识了西红柿，并幸运地得到了一把种子。

父亲把种子小心翼翼地包在香烟盒内侧的锡纸里，然后把锡纸揣在裤兜里。他行走的时候，裤兜里沙沙作响。

我紧盯着父亲的裤兜。我担心种子会溜出来。

第二年夏天，我们种的西红柿丰收了。结实的果子，又圆又大又红，压弯灰绿色枝头。收获的时候，有的果子还裂开了皮，绽出鲜红的果肉。父亲把第一轮收获的七八个又圆又大又红的果子，陈列在厨房，像展品。它们在一张简易餐桌上继续成熟。没有人时，它们在餐桌上跳舞。也许是墨西哥舞，也许是西班牙舞。

据说是从墨西哥引进过来的。也有人说是西班牙。那个农妇曾这样对我们说。

母亲计划在晚餐时用白砂糖拌上两个墨西哥西红柿，或西班牙西红柿。剩下的，明天再吃。我们希望一日三餐都能吃上西红柿。

母亲还没有开始准备晚餐，堂伯父和他的女儿来访。我们的一切计划被迫中止。这就是鄂西人的待客之道。我们不能慢待客人。父亲兴高采烈地把他们带进厨房，参观我们刚刚收获的西红柿。堂妹得到了最大最圆最红的那一个。

我的目光长久地停留在堂妹脏兮兮的手上。我想把那个西红柿收回来。

但这是不被允许的。

黄昏时分，伯父讲完最后一个迷人的故事，把茶盅里最后一口茶水灌进他爬满胡须的嘴唇后欲起身告辞。堂妹却踪影全无。伯父一遍遍呼唤着堂妹的名字，没有任何回应。我们帮忙寻找，最后发现她躲在光线黯淡下来的厨房里。

她一声不吭地坐在那张简易餐桌前，嘴角淌着西红柿鲜红的汁液。见到我们难以置信的眼神，她飞快地用手抹掉那些汁液。但它们继续在她手指上流淌。她细长的脖子变得很粗。蓝色的毛细血管，从褐色的皮肤下面钻出来。像小小的蚯蚓。西红柿一个也不剩。餐桌变得更加简陋，厨房变得更加黯淡。

第三年夏天，邻居们的菜园里都出现了西红柿。母亲慷慨地送给他们种子。只不过，西红柿发生了变异。它们不再像第一年那样又圆又大又红。它们的个头变小了许多。有一些，甚至变成了波浪形的番茄。我们不认为番茄是西红柿。

当牵吊果再次出现在我们眼前时，我们就会不假思索地说，“假西红柿”。

我们厌恶一切假的东西。

十

男孩刚推开栅栏门，一条黄狗就冷不丁地扑过来，立地而起，把两只毛茸茸的前脚搭在男孩的双肩上。它高兴地吐出一条又长又红的舌头，哈着热气，亲热地舔着男孩的脸颊。男孩歪着脸躲避着大黄狗的亲吻，右手抚摩着它的头部。

那是个俄罗斯男孩。他拥有一头金色鬈发，一双比湖水还要蓝的蓝眼睛。他刚刚放学归来。书包还斜挎在肩上。黑色的栅栏在身后向村子里延伸。他黑色的靴子上沾满泥泞。道路上的积雪还没有融化。周遭灰蒙蒙的。天就要黑了。

这是语文课本上的一幅画。画的名字，谁知道呢？肯定不叫《伊万的童年》。那个男孩不是伊万。伊万没有快乐的童年。他的父母，被德国军队杀害。而事实上，伊万也不叫伊万，而叫伊凡。一个虚构的男孩。他的故事也是虚构的。

我们家的黄狗和画中的黄狗一模一样，一样忠心耿耿，一样喜欢亲吻孩子的脸颊。许多个晚上，我们在村小学看完露天电影后，刚走到半途，它就从漆黑的夜色中奔到我们面前，跳起来，吐着舌头，亲吻我们，拥抱我们。它飞快地摇晃着粗大的尾巴，它呼哧呼哧地喘着粗气。好像我们分别了很多年。

可我们总是嫌弃它。嫌弃自它乱蓬蓬的皮毛里散发出来的味道，油腻腻的味道，热乎乎的味道，像苍耳籽和婆婆针一样黏在鼻翼前，叫人难受。也嫌弃沾在它粉色脚趾上的尘土。假若它的爪子碰到我们的衣角，我们总是会用手拍打几下。碰到我们的手，我们总是会皱着眉头，蹙着鼻子，用力地甩甩手。

它的皮毛里长满了跳蚤。它经常神经质地转过身去，咬住自己的尾巴，嘴里恶狠狠地哼叫。更多的时候，它用脑袋和脖子抵住粗糙的墙壁，用力摩擦。墙壁上长出一层滑腻腻的油脂。它的一身皮毛被磨得千疮百孔，好像穿着一件脏兮兮的破棉袄。可我们从未想过给它洗一个澡，给它全身涂满梦幻般的肥皂泡沫。

母亲偶尔会大发慈悲，往它乱蓬蓬的皮毛里撒一把白色的六六粉——有时撒在它臭烘烘的稻草窝里。它奔跑的时候，抖搂皮毛的时候，六六粉刺鼻的味道在空气中弥漫。我们捂住鼻子，咳嗽不已。

它把跳蚤传染给我们。可恶的跳蚤藏匿在我们身上，冷不丁地叮我们一口。我们会像黄狗一样，忽然神经质似的从椅子里跳起来，把手伸向大腿或后背，使劲地挠，嘴里骂骂咧咧。“格死狗日的。”大人们这样骂。我们也这样骂。

它陪伴我们度过了许多个冬天和夏天。那些冬天，因为它的陪伴，变得没有那么寒冷而又漫长；那些夏天，因为它的陪伴，也变得没有那么可怕。那些一无所有的日子，因为它的陪伴，开出了美丽动人的花朵。

它还活着的时候，我们就从父亲的口中，得知它原本是伯父家喂养的一条狗。那时我们还住在那几间泥巴房子里，它经常到我们家串门，母亲见了总是给它一碗残羹冷炙。久而久之，它就忘记回家了。伯父一家也没有前来交涉。

父亲还说，打狗队在村子里横行霸道之时，是他和叔叔们费了九牛二虎之力把它藏在楼上才躲过一劫。不然，它早就被他们不长眼睛的棍棒结束了性命。那几个年头，村子里的狗几乎绝迹。父亲用手挠了挠脑袋，补充道。

它来我们家的原因，还可能是因为一条白狗。在村子里，和独居的老人一样，狗也是孤独的。每一条狗都是孤独的。它们需要结伙搭伴地生活。白天，它们鬼混在一起，咬着耳朵说话。晚上，它们的叫声此起彼伏，遥相呼应。

这条全身净白的狗，没有给我留下多少印象，除了它的死亡。

清晨，有人发现它淹死在四叔家用来搭建猪圈的水池里。应该是误吃了鼠药，因为难以摆脱的巨大痛苦而跳了进去。围观者这么分析。它的肚子不再呼吸。它的脑袋悬垂于墨绿色的水面之下。把它从水池里捞上来的时候，它穿在身上的那件白棉袄变旧了，积水顺着它脏兮兮的尾巴直往地上淌。

它的身体变得格外沉重。格外冰凉。也格外轻盈。

它的嘴唇发黑。雪白的牙齿，紧紧咬合着。

它宝石般的褐色眼睛，失去了光泽。可痛苦与恐怖还未从它的瞳仁里散去。巨大的痛苦和恐怖，伴随着它的死亡。它痛苦的灵魂，在村子上空盘旋。

父亲倒拎着它的两条湿漉漉的后腿，把它拎回院子。

父亲身后的泥土路上，多出两道不规则的水迹。水渍滴滴答答的，消失在院子里的一个角落。

没过多久，它就变成了一张蜷曲着的狗皮。灰白皮脂下的毛细血管清晰可见。父亲用树枝把它撑开，晾在二楼的檐廊上。苍蝇嗡嗡嘤嘤盘旋其上。它不再吠叫，不再奔跑，也不再摇头晃脑。没过多久，曾经柔顺光滑的皮毛，变得非常坚硬。

没过多久，一场雨水打湿了狗皮。狗皮内侧爬满青色霉斑和令人恶心的小虫子。狗毛变得粗糙而又脆弱，手指一碰就纷纷掉落。没过多久，那张狗皮不见了。

有一天，我在小溪里见到它。我已经不再认识它。

黄狗越来越老。比祖父祖母还要老。它的皮毛越来越蓬乱，越来越没有光泽，简直像一床烂棉絮，皱皱巴巴，打满了死结。大团大团深褐色棉絮，不时从它身上脱落。那些光溜溜的地方，苍白而空洞，不再长出新的狗毛。

它成天蜷曲着睡在稻草窝里，浑身散发出难闻的气味。它的耳朵耷拉着，陌生人从院子里经过，它也无动于衷。它污秽的眼角，挂着大团大团绿色的眼屎。即使扔给它骨头，它也没有什么兴趣。它的牙齿，摇摇晃晃，不再洁白锋利。

时间神秘的使者，从它身上拿走了太多的东西。我们还能对一条老态龙钟的狗指望什么呢？很多时候，我们几乎遗忘了它的存在。可是最终，它不是老死于那个既不避风也不避雨的稻草窝，而是死于一场意外枪杀。

那个春节期间，它像往年一样，被村子里此起彼伏震天价响的鞭炮声和刺鼻的硝烟味赶进村子附近的森林，就再也没有回来。

父亲寻找到它的时候，它把杉树锯齿形的叶子，压出一个狗形深窝。它毛茸茸的四肢与毛茸茸的耳朵已经变得像石头一样坚硬，肚子上的褐色毛发间淌着一道干涸的血迹。这道血迹，流进了黑色的泥土里。这道血迹，唤醒我们的记忆。

几天前，森林里曾传来一声枪声。只不过没有谁在意。那几日，村子被鞭炮的声音覆盖。鞭炮噼里啪啦的声音，像八月沸腾的葡萄藤，缠绕着每户人家的院子，缠绕着每个人的耳朵。

那具干瘪僵硬冰冷丑陋的尸体，被住在森林附近的一位老人拖回家去。老人的儿子，拥有一把令男孩子们羡慕的火枪。老人的儿子，是村子里少见的猎人。老人的儿子，喂有一群长着两只黑眼睛和两只白眼睛的猎狗。

没过多久，我们家里多出了两条被宰杀好的狗腿。瘦骨嶙峋的狗腿。血迹干涸的狗腿。父亲把它们挂在房间里最醒目的位置，接受炉火的熏烤。

我们每天都能撞见它们许多次。它们撞疼我们的眼睛，撞疼我们的心。直至我们的眼睛和心变得又坚又硬。跟石头一样又坚又硬。

过不了多久，它们将被扔进铁锅炖烂，喂给正处于哺乳期的母猪。一群哼哼唧唧的小猪崽不分昼夜地拱着母猪两排纽扣般的乳头。

瘪瘪的乳房。瘪瘪的乳头。真是要命。

过不了多久，它睡过的稻草窝里，将出现一条父亲从秭归县带回的小狗。

这条狗，长大后将死于一场瘟疫。

这场瘟疫，和当年的打狗队一样，几乎让村子里的狗吠声绝迹。

十一

雨天，父亲抱着一台晶体管收音机回来了。

父亲额头闪亮，眉毛里挂着细密的雨珠，下巴上缠着一块渗出几缕血迹的医用纱布。他从姨妈家回来的途中，搭乘的拖拉机发生了侧翻。可能是路太滑了，也可能是司机前一晚喝多了玉米烧酒。他像一袋沉重的玉米，被猛地抛出敞篷车厢。他爬满胡楂的下巴在玉米地里磕出一道口子，鲜血像蚯蚓一样钻进泥土。

另外一个雨天，父亲搭着梯子在檐廊上叮叮当当敲打着什么。地面像冰块一样湿滑，梯子正如父亲担心的那样，滑倒了。父亲从高空坠落，下巴被磨刀石坚硬的牙齿咬碎，鲜血染红了地面的一摊积水。在乡卫生院，母亲被父亲的伤口吓晕。父亲只好咬着牙，用手撑住破碎的下巴，以便唯一的一位医生给他缝合伤口。

还有一些清晨，父亲站在窗前高昂着脖子，手握刃口雪亮的剃刀对着镜子刮胡须的时候，也会有一两滴鲜血从他的下巴上像杏子树的花骨朵一样冒出。他毫不在意地用手指肚擦去，立即会有新的一滴冒出。他的下巴总是受伤，可是他从不吸取教训。有一道蜈蚣形状的疤痕，永恒地爬行在他渐渐变窄的下颌上。

这个上午，父亲把晶体管收音机抱得紧紧的，十根粗糙的手指紧扣在一起。好像只要松开其中一根，收音机就会从他怀里砰然落地。我想，他的每一根手指，都被汗水打湿了。他的每一根手指，都因被摁在长久的沉默里而窒息。他的每一根手指，都不容易。它们变得僵硬而又苍白。要过好一会儿，它们才恢复血色。

父亲身后，跟着姨妈家的表哥。表哥漂亮的嘴巴，会像蜜蜂一样嗡嗡嗡地唱歌，两只轻盈的脚，会在水泥地板上起起落落，忘我地踩着节拍。好像他嘴里哼出的歌声来自那双脚。我也想拥有那样的一双脚。父亲把他从那个遥远的村子请来，是为了让他手把手地教我们调试收音机的频道，播放储存着歌声的磁带。

表哥拥有一双无比灵巧的手。它们旋转收音机上一个边缘刻着刻度的按钮，就会有不同的人在里面说话。它们把一盘褐色磁带放进收音机的肚子，摁下一个银色的键，就会有动人的旋律在房间里回旋。它们把银色发亮的天线拔高或者缩短，收音机里模糊难辨的说话声就会变得无比清晰。我也想拥有那样一双手。

下巴上缠着一块纱布的父亲，把晶体管收音机小心翼翼地放置在卧室的窗台上，母亲则用一条刚刚从集市上买回的红纱巾罩住它。他们总是把最贵重的东西放在卧室。各种证件和钢笔锁在箱子里，白糖罐放在窗台，鸡蛋储藏在第一格抽屉。父亲做木工活的那些工具，塞满了另外三格抽屉。抽屉和墙壁之间的空隙里，放着锯子和斧头。抽屉脚下，是一盒生锈的铁钉。床底下，是两双雨靴。

卧室越来越小，它只能容得下父亲自己做的那张嘎吱作响的床，只容得下他不规则的呼噜，母亲不知道收敛的笑声——偶尔是比裹脚布还要长的抽泣声。我们被早早地赶出卧室。我们不被允许在他们睡觉的时候出现在卧室。我们在二楼的另一间卧室睡觉。我们的卧室，头顶挂着玉米棒，脚下堆满了土豆，也很小。

每天早晨，他们中的一个，刚一起床，就站到窗台前，掀开红纱巾的一角，打开收音机，旋转按钮，转动天线。

他们听新闻联播，听天气预报，听准点报时，午间和晚间也听广播剧和音乐节目。准点报时的时候，我们都被一个手势禁止说话。谁要是在此时说话，母亲就会扑嗒扑嗒地跺脚，脸上划过一道可怖的闪电。

她心情好的时候，会一边做着家务活，一边低声跟着音乐节目里的歌手哼歌。但我们不能看她哼歌。偷偷看也不能。如果看她，她的脸就会像夏日的西红柿一样迅速变红，她就会自嘲般地大笑起来。她扫地的手，就会变重。她打毛衣的手，就会悬在半空。她洗菜的手，就会浸在水里。

如果心情不好，她会沿着一条直线咚咚咚地走进卧室，啪的一声关掉收音机，然后谁也不看，再咚咚咚地沿着一条直线返回，最后消失于一扇门后。她所经过的地方，总是会掀起一阵小小的旋风，接着陷入可怕的寂静。

父亲从不唱歌，也没有谁见过他偷偷地哼过一句。他巨人般的身影在房间里移动的时候，我们把正要说出的话紧急收回，让它们在舌头上打转，让它们顺着发痒的喉咙回到肚子里。我们还会用牙齿把笑声咬住，而笑声太多了，脸被憋得通红。他是那样严肃，严肃得连空气都感到窒息。

我们都离他远远的。

有一个冬天的晚上，父亲忽然来了兴致，坐到我身边，命令我朗读课文。我把屁股钉在椅子上，十指紧扣，低头观看火焰玩变脸游戏。母亲正往炉子的嘴巴里添玉米芯。她每扔进去一个玉米芯，橙色的火舌就跟兔子一样呼地蹿出炉子。我用沉默拒绝父亲。他火了。他大声命令我去把课本拿来，大声朗读，“否则今晚不许睡觉”。

我哭了。我哭着从书包里掏出语文课本，哭着朗读完一篇课文。朗读的时候，我不得不读两句就停一次。因为我声音哽咽，因为我不得不揩掉眼泪，揩掉鼻涕。泪珠打湿了课本上的方块字。黑色的字开始像蝌蚪一样游动，最后变得一团模糊。

父亲无名的怒火和炉子中干燥而又粗糙的火焰一样，渐渐熄灭。可他起身去卧室时，我感觉他身上的每一寸皮肤都还紧绷着。他的每一寸皮肤都还在生气。因为他走路的姿势，笔直而又僵硬，冷酷而又无情，见不到一个柔软的动作。

这个晚上，父亲没有喝酒。他每次去镇上，都会站在路边小店的柜台前喝一杯玉米烧酒，还会从唯一的一家音像店带回一盘磁带。有的只试听过一次，就再也没有播放过。有的被从早播到晚。可能是太累了，收音机的肚子里忽然发出一长串尖厉的叫声——咯噜咯噜咯噜咯噜咯噜咯噜——破碎的歌声，像绳索一样绞在一起。

母亲小跑进卧室，一边啪的一声打开收音机的肚子，终止让耳朵饱受折磨的尖叫声，一边低声诅咒——“这个背时鬼”。

她站在窗前，垂首低眉，把衬衫衣袖挽到胳膊肘的双手抬到胸前，花很长很长的时间，如同一位缺少经验的母亲侍弄婴儿那样，使出浑身解数捣鼓磁带。

打满结的歌声，被她富有耐心的双手解开。

它们像以前那样，从我们家的窗台飘荡到村子里，最后消失在密不透风的玉米地里和村子空空如也的上空。它们无力抵达更遥远的地方。

我们也无力抵达更遥远的地方。我们把土豆皮削厚了，我们把米饭烧煳了，我们把新买的裤子磨出一个洞，我们不小心打碎了一只碗，我们没有把地扫干净，我们忘记了揩鼻涕，我们把手弄脏了，都会受到母亲的指责。

她指责我们的时候，我们不敢顶嘴。

我们沮丧地低着头，马着脸，像收音机那样，任母亲在冬天总是会裂开一道道闪电的手指，在我们身上摁下一个个沉默的键。

十二

疯狗在村子里横行。它们像受到刺激的酒鬼一样四处狂奔乱叫，它们毛茸茸的长嘴边缘淌着令人恶心的涎水。它们的眼睛是直的，视线是直的，耳朵也是直的，它们白森森的牙齿，能够撕碎村子里所有坚硬的东西。如果不幸被它们咬一口，你就会和它们一样汪汪汪地狂叫不已，最后不得不在痛苦中死去。

每天下午集合放学的时候，校长都会站在长长的队伍前再三叮嘱，“一定要避开那些狗”。他大声说话时，飞沫从他的嘴角喷溅而出，雾一样游走在第一排学生的脸蛋上、脖子里和回忆里。校长拥有一口铁锈色的牙齿，一张方方正正的脸。他下巴上的胡须，从来没有刮干净。他嘴中的故事，从来没有结局。

人贩子在村子里横行。他们披着善良的外衣，口袋里装着花花绿绿的糖果。只要发现落单的孩子，他们就会亲热地迎上去，掏出糖果递到孩子喜欢甜食的嘴里，然后趁孩子失去意识时，把孩子拐走。孩子再也见不到自己的父母。他们经常对孩子说，你不是我们亲生的，而是从马路上捡来的。

器官贩子在村子里横行。他们披着善良的外衣，口袋里装着花花绿绿的糖果。只要发现落单的孩子，他们就会亲热地迎上去，掏出糖果递到孩子喜欢甜食的嘴里，然后趁孩子失去意识时，掏出刀子，剜出孩子漂亮的眼睛，桃子般大小的心脏。许多天后，人们将会在荆棘丛中发现一具孩子的尸体。

每天下午集合放学的时候，校长都会站在长长的队伍前再三叮嘱，“一定不要吃陌生人的糖果”。他大声说话时，飞沫从他的嘴角喷溅而出，雾一样游走在第一排学生的脸蛋上、脖子里和回忆里。校长拥有一口铁锈色的牙齿，一张方方正正的脸。他下巴上的胡须，从来没有刮干净。他嘴中的故事，从来没有结局。

没有疯狗、人贩子和器官贩子在村子里横行的下午，校长就会把我和另外几个同学请到长长的队伍前，让全校师生认识我们，记住我们，议论我们，孤立我们。校长咳咳嗓子，再三叮嘱，“明天一定不要忘了缴学费”。他这样说话的时候，飞沫从他的嘴角喷溅而出，雨水一样游走在我们的脸蛋上、脖子里和回忆里。

我的回忆里，确实是一场又一场冰凉的雨水。我站在雨水中，脸忽冷忽热，像风干的牛皮一样紧绷。我不知道该把双手放在哪里，把双脚放在哪里，也不知道该把窘迫的目光放在哪里。我只好低着头，盯着自尊心受到伤害的鞋子。

我的鞋子里，藏着十个小矮人，它们并排躺在一起，一动也不动，却被细密的汗水打湿了脸颊。其中一个，就要拱出黑色的宫殿。

我的鞋子里，还游动着许许多多条鱼和许许多多的水草。母亲用红绿两色丝线绣在鞋垫上的鱼和水草。我走路的时候，它们咕噜咕噜地吐着气泡。

校长每天都起得很早，然后背着双手在空旷的操场上散步。早到的学生见到他，都会面露羞涩地停下脚步，毕恭毕敬地叫一声“校长好！”他把双手抱到胸前，笑眯眯地点点头。他给我们上数学课。每堂课，他都会留下十分钟，给我们讲故事。孙悟空三打白骨精。鲁提辖拳打镇关西。美妙的十分钟。

我们听得入了迷，忘记了他铁锈色的牙齿，忘记了自他的嘴角喷溅出来的飞沫，也忘记了那些不愉快的下午。我们希望所有的课，都是数学课。我们还希望所有的那最后的十分钟，都能变得比一天还长，秒针永远抵达不了终点。

有一天，校长心血来潮，把我们班分成两个片区，每个片区又分成两个组。这样，每个同学都有了自己对应的新身份：班长、副班长；片长、副片长；组长，副组长；中队长，小队长；语文课代表、数学课代表、美术课代表、音乐课代表……

校长点名让我回答问题。我支支吾吾，面红耳赤。他问我在班上担任什么职务。我低声回答，副片长。“副片长？谁给你封的官儿？我看你就是个骗子。”他这样说话的时候，那口铁锈色的牙齿格外醒目，也格外丑陋。

校长忘记了几个星期以前的事。我再也不想听他的故事。

十三

祖父说，猫有九条命。

它从高高的阁楼的窗台跃到坑洼不平的地面，也只是因为恐惧而发了一小会儿呆。我提着的一颗心还没有放下，它就摆摆耳朵，抖抖锋利的爪子，跟没事人儿似的，把虎头虎脑的身影没入田野边缘的灌木丛。

父亲说，猫有九条命。

它被村子里的一群恶狗追逐，它在一片狂热的叫声里逃命。关键时刻，它蹿上一棵大树，徘徊在枝丫间，无辜地注视着树下急得团团转的狗。它们吐着又长又红的舌头，哈着热气，摇晃着尾巴，沮丧地吠叫着。

可惜了，煮熟的鸭子飞了。可惜了，已到嘴边的肉，飞到了树上。

哥哥说，猫有九条命。

我们在苹果树下逮到一只陌生的猫。我们合谋把它扔进池塘。我们想知道猫到底会不会游泳。那面反光的镜子，激起它内心深深的恐惧。它怒目圆睁，毛发直立，耳朵收缩，四肢蹬弹，呜呜嘶叫。它用锋利的爪子抓伤我们的手臂，用尖利的牙齿咬伤我们的手指。

我们转过身，让它背对镜子。它的反抗没有那么激烈了。

扑通——它被扔进深不见底的镜子，根本就来不及张开嘴巴。那么大的一块玻璃碎裂了，扑腾起浪花。它挣扎着游向岸边。它的全身湿漉漉的，丑陋的毛发粘连在一起，腹部露出白色条纹。它愤怒的眼睛里，蓄满泪水。它变得又瘦又小，不会比一只老鼠更好看。可是它刚一上岸，又被我们逮到。

恐惧这条大蛇，吐着猩红的蛇芯子，爬进猫紧缩的身体，爬进它愤怒的脖子，爬进它每一根直立的毛发，爬进它的每一声尖叫。

我们转过身，让它背对镜子。它的反抗没有那么激烈了。

扑通——它被扔进深不见底的镜子，根本就来不及张开嘴巴。那么大的一块玻璃碎裂了，扑腾起浪花。它挣扎着游向岸边。它的全身湿漉漉的，丑陋的毛发粘连在一起，腹部露出更深更宽的白色条纹。它无辜的眼睛里，蓄满泪水。它变得更加瘦小，还没有一只老鼠好看。可是它刚一上岸，又被我们逮到。

我们的笑声在肚子上燃烧，直至我们厌倦了这个游戏。

这只猫真的有九条命。它最后拖着湿漉漉的一身皮毛，晕晕乎乎的，消失在村子里。我再也没有见过它。直到消失前的最后一刻，恐惧之蛇仍没有从它的皮毛下钻出。那条蛇盘绕在它喑哑的嗓子眼上。它在一道篱笆前盲目地转过头望向我们的时候，目光空洞，好像什么事情也没有发生。

可有些事一旦发生了，就再也无法改变。

我们家那只从阁楼窗台跃到地面毫发无损的猫，不幸被邻居家的狗咬破了肚子。它拖着一地白花花的肠子，惊慌失措地从一个院子逃向另一个院子。每个院子里都长着一棵树冠浓密的女贞子树。每棵女贞子树都在地面投下一大团阴影。那只狗在巨大的阴影里紧追着猫。

该死的狗。该死的迸射着火星的牙齿。

猫忍受着巨大的痛苦。它躺在阴影里呜呜哀鸣，叫声比一根猫毛还要轻。它的声带上落满灰尘。它正在失去它的声音，还有它眼睛里的光。我的心猛地抽搐了一下，就像谁在黑暗中用针扎到了我的手指。

父亲请来村子里的兽医。兽医提着一只黑色的人造革公文包，包里装着冰冷的手术刀、手术钳和巨大的注射器。他有一双冰冷的手，还有一双冰冷的眼睛。他迈进房间的时候，我的牙齿因为突如其来的一阵寒冷而碰撞到一起。

兽医用那双冰冷的手，把猫沾满泥土和落叶碎屑的肠子塞回肚子，把它无力呼吸的肚子，用又粗又长的大头针重新缝合。做完这一切，他拿起那个巨大的注射器，旋转上同样巨大的针头，往猫软乎乎的脖子里注射了两剂消炎药。

母亲慈悲心大发，为猫准备了一整副肥肠。以前，它只有远远望着的份儿。

可它还是没能活过那个夏天。

父亲用一把干稻草裹住它仍然柔软的尸体，搭着梯子，高高托举着它，把它搁放到一棵漆树的枝杈里。我不知道父亲为什么要这么做。父亲说，猫的灵魂，将在这棵漆树上得到安息。其他的树不能让它的灵魂得到安息吗？不能。为什么？哪来那么多为什么？好吧，这棵漆树上，住满了猫的灵魂。我想。

这棵住满了猫的灵魂的漆树，生长在一片荒凉的墓地里。

墓地里，居住着我从未见过的死者。在人们的故事中，他们仍然像活着时那样，在村子里出没。有人在夜晚看见过他们。还有人在白天看见过他们。他们穿着深及脚踝的长衫和宽口布鞋，眼睛冷漠，拄着文明棍，无声无息地赶路。

有时，他们还以蛇的身份回来。有时，他们还以蛐蛐的身份回来。有时，他们还以蜜蜂的身份回来。有时，他们还以蝴蝶的身份回来。有时，他们还以风的身份回来。有时，他们还以雨的身份回来。

他们回到从前居住的房子里，回到香火台上一张镶着金属边框的相片中。相片早已泛黄，边缘受损，呈现出锯齿状。相框上覆有一层薄薄的灰尘。

在村子里，像这样的墓地并不少见。

平日里，人们与墓地保持着距离，井水不犯河水。只有在阳历四月上旬和农历十二月的最后一天，人们才会来到这些寂静之地，荒凉之地，被遗弃之地，带着烧纸，蜡烛，弯曲的膝盖，巨大的沉默，茧花层层叠叠的祈祷。

祈祷完毕，因为膝盖酸疼，人们在站起来的那一瞬，总是会仰着脖子望一眼墓地上方的天空。天空苍白而空洞，除了云朵，什么也没有，却有着肉眼难以觉察的重量。偶尔，云朵里有一张熟悉的脸，但它很快就消失了。

村子里，几乎每年都有人死去。有的人死于睡眠，有的人死于疾病，有的人死于农药，有的人死于酒，有的人死于事故。

还有的人，死于恐惧。恐惧像一条绳索，套牢他们的脖子。

十四

门外响起一个单调而又尖锐的声音，停顿了一下，许多个单调而又尖锐的声音蜂拥而至。是金属在嘎吱嘎吱尖叫。它们灌进我们昏昏沉沉的脑袋，并在我们昏昏沉沉的脑袋里继续尖叫。母亲用短促的声调命令我：快去把门关上。

父亲正背对着我坐在空旷的院子里矫正锯齿。他把黑色的锯条固定在两只木马上。他弯着被太阳晒成紫色的脖子，侧着瘦削的半张脸，专心致志地工作。他的脚边，摆放着锈迹斑斑的虎口钳，黑色的三角锉，可以涂抹润滑油的刷子，受惊的空气。迸射着火星的嘎吱声，从他的前臂下发出，从他的胳膊肘下发出。

父亲制造出这些单调而又尖锐的声音，让我们的耳朵感到痛苦，让母亲以不容商量的语气命令我:快去把门关上。当我关上那扇吱嘎作响的门，它们即刻变钝。它们被一双手推远。它们环绕着房子。如果我不知道它们是父亲制造出来的，我会以为它们来自村子上空，我还会以为，它们来自遥远的山谷。

村子里的每一个人都听到了它们，但没有一个人走出房间。就像雨季，无数块乱石滚过屋顶时，所有的耳朵都被颤抖的双手捂住，所有的眼睛都在黑暗中因为恐惧而暂时失明，所有的嘴巴都发出了一声尖叫，但不会有人走出房间。

只有成群结队的蜜蜂嗡嗡嗡地飞过村庄上空时，人们才会纷纷走出房间，在蜜蜂的必经之地用干燥的艾草叶制造出大股浓烟。他们戴着草帽，身披透明的薄膜衣裳，在浓烟下方高高举起打扫庭院的扫帚。

只有成群结队的乌鸦呱呱呱地飞过村庄上空时，人们才会纷纷走出房间，把厌恶的目光箭镞般射进黑漆漆的云块，低声诅咒：该死的乌鸦。

只有成群结队的飞机飞过村庄上空时，人们才会纷纷走出房间，睁大疑惑的眼睛，沉默地目送它们消失。想象中的战火，在他们的脑袋里蔓延。

整个漫长的下午，父亲就那样坐在院子里矫正锯齿，直至黄昏的羽毛从石楠树浓密的树冠里纷纷掉落，堆积在他脚边。偶尔也有例外，父亲会把那些带着金属质地的嘎吱声，深深地嵌进暮色里。晚上，它们还在我的耳朵里嗡鸣。好像梦中还有一个父亲，正坐在星空下矫正锯齿，直至每一颗锯齿都闪闪发亮。

没有人去打扰父亲。他俯身拾起那把棕色刷子，给牙齿闪闪发亮的锯条涂上润滑油。润滑油冰凉如蛇的皮肤，散发着铁屑的苦涩味。有一次，因为不小心碰到滚烫的开水，我的手指跟胡萝卜一样红肿。父亲跑进卧室翻箱倒柜，什么也没有找到，最终，他犹疑地拿起那把刷子，给我的手指涂上一层油乎乎的油脂。

没有人去打扰父亲。他把木马放到檐廊上，拎着油光闪亮的锯子和虎头钳推门而入时，房间里扑进一股清新的凉意。我闻到了润滑油的味道。我闻到了父亲身上的烟草味儿。我闻到了十一月的气息。

十月的云彩，刚刚在山顶燃烧完。

晚饭熟了。依然是土豆饭，依然没有菜，依然不需要餐桌。每个人端着一只碗，围坐在火炉旁。铁锅里的土豆，被一把锅铲翻来覆去地翻炒。每个人都拥有一个好胃口。咀嚼的声音，响彻灯光暗淡的房间。没有谁说话。没有谁讲故事。

晚饭后，才是故事时间。

父亲好几次差点死于自己的故事。一次，他差点死于一条河流。一次，他差点死于酒。一次，他差点死于一个事故。每一次，都是“差点”这个词语把他从死神冰冷的手里拽回。如果不是这个词语，他就不会坐在我们身旁。

我们得感谢这个词语。顺带还要感谢发明这个词语的人。

下一个故事的眉毛刚到父亲的嘴边，我们就被母亲赶去睡觉。

明天一早，父亲将扛着长柄斧头、宽条锯子和一捆绳索，到森林里去伐木。

无名之辈

H先生

先从一个有关长生不老药的故事说起。

一个雨天的中午，拄着一根竹杖颤巍巍地从镇上归来的H先生，照例在我们家歇脚，顺便吃了个午餐。餐毕，我们围坐在东窗下的炉火边谈天，窗外竹影摇曳。父亲握着一个黑色铝制茶罐的手柄，在炉火上煨茶。茶罐里的水汽烘干了，一把茶叶刚丢下去，就有一股馥郁的香气从罐中膨胀开来，扑进每一个人的肺腑。父亲掐准时间拎起水壶往茶罐里冲上滚烫的开水，再煨上几分钟，直到茶水汩汩往外冒时，一罐新鲜的热茶就算煨好了。父亲拿来茶盏，将第一泡茶回冲三遍之后，就有一盏递到了 H 先生手中。

正是就着窗外的斜斜雨声吃茶谈天之际，H 先生忽然想到了一件什么要紧事情似的，当即放下手中的茶盏，然后依次解开里外三件都扣得参差不齐的上衣纽扣，小心翼翼地从里侧的口袋里掏出了一小包用牛皮纸包住的东西。他将之平放在那只指甲盖里布满污渍的左手手掌上，就像护着一件稀罕物什，用一副期待赞许的神情望着父亲。父亲伸了伸脖子，佯装好奇地问 H 先生，您这是什么高级东西？H 先生脸上的皱纹像解冻的河流一样，一下子全裂开了。他豁着一张牙齿所剩无几的嘴巴，神秘兮兮地对父亲炫耀道，好东西呢，镇上某某医生给我弄的，吃了长生不老。父亲听了哈哈大笑起来。我们觉得稀奇，也跟着偷偷地笑。H 先生一脸茫然地望着我们——同时，他的那只左手还下意识地往怀里缩了缩——鼓着眼睛辩解道，这真的是好东西呢，不信你们看看。

说完，H 先生重新伸出那只粗大而老迈的手掌，用右手不紧不慢地，像揭开待解的谜团一样，层层揭开那充作包装的已经被揉得皱巴巴的牛皮纸，生怕把纸中之物碰碎了。我们把目光汇聚到那包神秘之物上，紧盯着那最后一层纸的打开，等待着谜底揭晓。我们可从未见过长生不老药呢。但很快，我们就把探出的身子与目光失望地退回了原位。那只是一颗颗黑不溜秋而且看起来有点黏腻的药丸，并没有焕发出我们想象中的奇异光彩。倒是父亲伸出手好奇地捏起一颗，拿在眼前好好地观摩了一番，又凑近鼻翼前闻了闻，笑着揶揄道：您这不是羊粪蛋吗?

H 先生大惊失色，正色道，这怎么是羊粪蛋呢？这是长生不老药。说话时，他嘴边的两撮灰胡须也跟着上下翘动。我们听了，无不捧腹大笑。长生不老药，神仙都求不到，人家会轻易给您老人家？父亲试图让 H 先生明白这一点。我们毕竟是亲戚，信得过的，他再会骗人，也不会骗到我头上。H 先生信誓旦旦地说。

见不能说服 H 先生，父亲便又戴着一副无形的科学的严谨的同时持怀疑态度的眼镜，将那颗药丸置身于科学的聚光灯下，再度审视了一番，然后物归原主。

H先生自觉受到了某种无言的伤害，于是大失所望地将那些长生不老药一层层包裹起来，中途停顿了一下，然后又若有所思地将之一层层打开。他把那堆看着黏糊糊的药丸往父亲面前推了推，犹豫了一会儿，慷慨地对父亲说，给你分一些？父亲赶紧摆了摆手，回绝了他的这番好意：您还是留着自己吃吧，保准长命百岁。H先生重新笑起来，眼角上方眉毛里的那几根长长的打着卷的寿须，也跟着笑起来。他再次小心翼翼地将黑色药丸包裹好，装回了上衣里侧的口袋。扣好纽扣后，他还不忘用右手的四根指头压了压衣裳上那个装药丸的位置。

这个遥远的见识长生不老药的中午，并非我认识H先生的开端，但要追溯我们认识的渊源，或者说我们最早认识的时间，我早已忘记得一干二净。这不禁让我想起那些无头无尾的梦境——它们如同飘荡在沼泽地带上空的雾气，混沌，多义，而且破碎。我们既不知道自己是怎样迈入梦境那个门槛继而进入那个永远呈现出灰色调的环境的，也不知道故事的最终走向。我们总是会丢失梦境的结局——我们不是被某个事件或某个人猛然惊醒而中断梦境，就是顺着某条秘密小径进入了深度睡眠。我由此时常怀疑，我们在生活中遇见然后又悄然消失的那些人，只是梦境中的人物。很显然，H 先生就具有梦中人物的显著特征。他的出现，似乎没有任何铺垫和过渡，当我意识到他的存在时，他就已坐在我们家的东窗下吃茶谈天，不像是陌生人的做派。但对我而言，他确实又称得上是一个来历不明之人，尽管我们生活在同一个村子里。除此之外，与那些面容随着梦境的坍塌而变得模糊不清的人一样，我只记得他在那条羊肠小道上拄着竹杖踽踽而行的背影，记得他两道浓眉中那几根打着卷的长长的寿须，还有挂在嘴角边的两撮灰胡须。事实上，就连这三点，我也不能确保完全真实可信。

因此，对于 H 先生，我必须借助小说家的脑袋，才能拼凑出他的形象。他常年戴着一顶厚实的两侧搭有两只褐色毛绒护耳的军绿色棉帽，同时穿着七八件衣裳——即便是夏天，最少也穿着三四件，从里到外的领口上都布满了可疑的污渍，哪件衣裳上缺少一两颗纽扣也属常事，腰间系着一根发黄的充作腰带的棉绳，那绳子捆着一条结实的说不上是什么颜色的旧长裤——冬天的时候，他会用另外一条绳子，从扣子掉光了的棉衣外面，拦腰把穿得臃肿无比的自己捆起来——脚上蹬着一双似乎永远也穿不烂的解放牌高帮棉鞋。由于他身材魁梧，拄着竹杖行走之时，背影活像一头行动迟缓的大棕熊。当这一切变成事实，我们将预见这样的情形：H 先生每次到我们家里歇脚时，我和哥哥都会偷偷地数他那日穿着几件衣裳，然后比画出几根指头，会意地相视一笑。我们甚至还讨论过，他是不是从来不洗衣裳，而是把穿在身上的那几件轮换着翻出来当外衣穿呢？

那时，H 先生大抵是我们家的常客。隔三岔五，就会见到他从南山上的那条羊肠小道上极为谨慎地向我们家踱来的身影，要不然，就是像那个月份不详的雨天一样，去镇上了或是其他什么地方了，故意绕到我们家歇一会儿脚。事实上，我们都不怎么欢迎他，更谈不上喜欢了，除了父亲，除了父亲陪他谈天。我们一致认为，他到我们家歇脚，是掐好了时间的。因为，他每次来到院子里用手中的竹杖笃笃地敲响地面，惊起一片狗吠时，不是午饭时间，就是晚饭时间。俗话说来得早不如赶得巧，而他就是那个永远都赶得巧的人。热腾腾的饭菜都端上桌了，不可能让他尴尬地坐在一旁，总是要添上一双筷子。也不可能因为他的到来，而故意推迟做饭的时间或用锅铲把铁锅敲得咣当直响。我想，即便我们这样做了，他也不会知趣地离开，而是稳稳地坐在角落里，不紧不慢地从右侧那只被塞得鼓鼓囊囊的上衣口袋里摸出一只烟嘴发黑的烟斗和一个透明的装着细长烟丝的塑料袋子，然后卷上一些烟，塞到烟斗里，吧嗒吧嗒地抽着，嘴角冒出一缕缕青色烟雾。他有的是时间。我们倒不是舍不得一顿粗茶淡饭，而是打心底里嫌弃他。

H先生的身上，总是散发着一股令人蹙眉的猪公佬的气味，谁也不会主动靠近他。就像我们怀疑他从不洗衣服一样，我们也怀疑他从不刷牙，不刮胡须，不洗脸，不洗澡。每次他在我们家吃过饭之后，我们都会异口同声地对母亲说，他用过的碗筷要多涮几遍，最好是用滚烫的开水消消毒。他端过的茶盏也一样，我们会反复清洗。他坐过的椅子，我们会把它放到光线暗淡的角落里去。我们都不希望他到家里来，即便是减少来访的次数也好呀，可是谁也不能改变他到我们家里来的意志。他把我们比他年轻三十岁的父亲当成了忘年交。

偶尔，在 H 先生离开后，我们难免会发一通针对他的牢骚，父亲在这样的时刻就会站出来批评我们。父亲说，要记得人家的好。他继续说，相较于一幢房子，一顿饭一盏茶算得了什么？父亲的话不无道理。岂止是我们家的房子，就是大半个向家大院的房子，都与 H 先生的慷慨相助紧密相关。向家大院以前的房子，几乎都是用青石砌成。那些青石并非从天而降，也不是取自地下，而是来自 H 先生的山中。位于向家大院西南部的那座南山，有一半的产权属于 H 先生。自我记事起，属于 H 先生的那一半南山，就是一座被上帝遗弃的荒凉之山。它从未像另一半南山那样生长出高耸入云、密不透风的马尾松、杉树和白杨，只见得到低矮的灌木丛——即便是那些永无可能长成参天大树的灌木丛，在冬天也会被附近的人砍去在田野里烧掉。一座原本生机勃勃的山之所以会变得如此荒凉，与 H 先生不事管理有关。从某种意义上说，H 先生的那一半南山，在他的默许之下，成了向家大院的采石场与牧场。从山中开采出来的石头，H 先生不是按市价出售，而是无偿相送。我们家修厢房时，父亲给 H 先生送去两瓶酒和两把面条，就获得了开采权；还有人，仅仅在开采前夕例行知会了 H 先生一声而已。经过多户人家的轮流开采，那个深深凹陷下去的采石场，远远望去，俨然一道醒目的伤疤。在这件事上，H 先生是积下了功德的。但奇怪的是，在向家大院那么多户人家中，H 先生单单就跟父亲谈得来。这大约也就是他途经向家大院这个人烟密集的大屋场时，永远只到我们家里来歇脚的原因。或许也正是这个缘故，某年，我们家还租种了 H 先生家门口的一块地，种了玉米、红薯和烟叶。

作为回报，父亲也会无偿地给 H 先生理发。早些年，父亲无师自通地学会了理发手艺，并置办了一套最基本的理发设备——一把老式推剪，一把刀口磨得雪亮的剃须刀，一把软毛刷子，还有一条黄色的围布，而且很快就在村子里赢得了一点名声。H 先生每隔两月就会找上门来，摘掉帽子，露出一头乱糟糟的头发，请父亲给他剃一个光头。

父亲还会在冬天吩咐哥哥，给H先生送一些取暖的木柴。有时，父亲也会去H先生家，帮他修理坏掉的电灯或是其他什么家什。

H先生的家，离向家大院大约有两华里地。翻过那座一半荒凉一半茂密的南山，穿过空旷的村委会广场，向西沿着公路步行百十米，再爬上一道长长的坡地，就到了。那是长长的一排瓦屋，十分落寞地蹲在田野尽头，大约有一半的房屋，椽木业已塌陷，灰扑扑的瓦檐上间或可见一两丛狗尾巴草或深绿色的苔藓植物。攀上七八步青石台阶，才发现那并非单独的一排瓦房，而是一个破败的四合院，东南西三个方向也都是些上了年岁的木房子，院子里满是鸡粪，难以下脚。

一年正月，我跟随父亲拜访过H先生家。那也是我唯一一次拜访H先生家。

那真是一次奇特的经历。

那个在记忆中应该是阳光温煦的上午，父亲一手用绳子牵着一头母猪，一手握着一根细长的荆条。我跟在父亲后边，手里提着一个旧式藤包，里面装着两瓶酒两把面条。

我们是要去给H先生拜年，同时给母猪配种。H先生家喂有一头体型跟牛犊一般高大的猪公。每配一次种，H先生收取七块钱。那是他和老伴儿唯一的经济来源。那时刚过完春节，H先生家却极其冷清，没有一点节日的气氛。门楣上见不到一副春联，嘎吱作响的大门上也没有贴一个福字。我还未落座，就惊奇于H先生家的特殊格局：中间是四壁漏风陈设简陋的堂屋，左侧是黑咕隆咚的卧室，右侧则是泥泞不堪的猪圈。那头威风凛凛的猪公就喂在里面。我坐在那把落满灰尘的椅子上，只消稍微抬一下头，就可以瞥见猪公一身粗硬的鬃毛，自然，也闻得见它的那一身臊气，它一刻不停地哼哼着。我那时才恍然大悟，难怪H先生的身上为什么总是游移着一股猪公佬的味道了。

H先生的老伴儿，那个父亲让我唤其婆婆的老妇人，是一个沉默寡言的人。她头上包着一方黑色头帕，穿一件黑色对襟襻扣衣裳，自始至终都像一道影子，在房间的各个角落无声无息地飘动，没有给我留下任何印象。H先生倒是高兴，坐堂屋里与父亲愉快地谈天。或许那是许多年以来，第一次有人在春节期间前来拜访。但我并不关心他们谈论什么，我关心什么时候离开 H 先生家，我一刻也坐不下去了，尽管我们才刚刚坐下。既没有一盘糖果端上来，也没有一盆炭火烤，而且还被禁止起身去瞧那头哼哼唧唧的猪公的全貌，实在是百无聊赖。我便跑到院子里去逗狗。一只黄色土狗，被拴在院子的一角。见人就汪汪汪地狂吠。

时间过得可真慢啊，院子里新一轮的青苔都要从墙角的缝隙中冒出来了，但告辞的时刻看起来仍遥遥无期：他们依然坐在半明半暗的光线中，像鱼一样张合着嘴巴，而谈话声，就像是从很遥远的地方传来，嗡嗡嘤嘤。好在终究到来了。

那时，父亲已重新将母猪用绳子拴好牵在了手中，H 先生关好猪圈门，转身站在屋檐下笑眯眯地对我说，孙宝，压岁钱已经给你了啰。我疑惑不解地望着他那张布满沟壑的脸，却又不好意思询问，以为他给了父亲，但这又符合常理。回家途中，我一直被这个问题困扰着，最终还是没有按捺住内心的冲动，小心翼翼地试探父亲：H 先生并没有给我一分钱呀，为什么说给了我压岁钱呢?

父亲说，H 先生没收那七块钱，不就是相当于给你压岁钱了吗？我虽然“哦”了一声，却仍未弄明白蕴藉其间的奥秘。

但H先生确实是特别慷慨地给过我一次钱的。那一年，我刚刚从村小学转到镇上的寄宿学校念书，周末放假回家，恰逢H先生在我们家歇脚。谈及我转学的事，H先生就像在那个雨天掏出长生不老药要与父亲分享一样，忙从上衣里侧的口袋里掏出了一沓零钞，抽出一张面值五元的钞票递给我。勉励我好好学习云云。那时，我已然萌生了某些只可意会不可言传的羞耻观念，便拒辞不受。H先生用一副近乎语重心长的语气对我说，因为他喂养的那头猪公现在正值壮年，他的口袋里才得以装着两个钱，再过两年，他就心有余而力不足了。

也不知是父亲的教诲发挥了潜移默化的作用，还是那张被我捏在手心里的钞票引发了奇妙的化学反应，我不再那么讨厌H先生了，甚至对他迷雾一样的过去产生了些许好奇。而这份好奇心的兴起，倒是可以追溯到一个暮春时节的雨天。

那个乍暖还寒的日子，H先生和祖父几兄弟就像约好了似的，相继来到我们家里，坐在东窗下一边听雨，一边吃茶，一边吞云吐雾。或许是从小就相识的同一代人都已步入暮年，于是在某种情绪的推动下，H 先生和我的祖父们集体陷入了对往事的追忆之中。他们互有交叉与重叠的叙述，如同《山海经》中的故事一般迷人。谁叫他们都是兜售传奇的一把好手呢？那个身穿一袭青色长袍的人，跳上擂台与人比拼酒量，抱着酒坛豪饮三天三夜，也不见丝毫醉意，原来是他在长袍之下藏了一个酒桶；一位姓刘的先生去拜访黄四老爷，受到轻慢，便施行法术把一树柳叶全部变成活蹦乱跳的鱼，正给黄家插秧的工人纷纷放下手中的秧苗去捉鱼，然而怎么也捉不完，耽误了大半天工期，黄四老爷急忙登门赔礼道歉，刘先生顺手画下一个太阳并挂在柳树梢，吩咐工人们继续干活，收工时，刘先生取下太阳，工人们方觉时间已至子夜……正是在诸如此类天方夜谭的故事中，我发现了一个秘密：H 先生曾在民国时期担任过某一基层官职。

那是一个什么官职呢？我当年少不更事，也就毫无概念。多年以后，我才了解到，担任那一公职的人，当时的政府不仅为他设有专门的办公机构，而且还配有副手和民政、警卫、经济、文化干事各一名。如果H先生和祖父们所说属实，那么H先生当年就是一个不可小觑的人物。如果按照某些早已烙印在我们脑海里的常识来论，H先生不是一个作恶多端的顽劣，就是一个巧取豪夺的土豪，但在他们讲述的各种与H先生相关的离奇故事里，H先生并不是那样的人，他虽然脾气火暴，但在任期间，一直周旋在各种势力之间，保护了不少人的性命。

那个暮春时节的雨天，H先生已至古稀之年，而且在乱世时握在手中的权柄也早已化为云烟，但自他嘴里蹦落而出的铿锵有力掷地有声的语气，依然昭示着他当年确实是一条敢做敢为的好汉。只是英雄垂暮，空余一腔热血。谁能料到，那样一个响当当的人物，最终会沦落到依靠一头猪公来养活自己的地步呢？

从一个已不能确证的月份开始，如同我们早几年祈祷的那般，H先生来我们家的次数渐渐地少了起来。终于，不再来了。我们租种他家门口那块地的那一年，他们老两口就已被残酷的现实击倒：再也无力下地劳作了。与他们同时衰老的，还有那头猪公。它也已虚弱得迈不动脚，宣告失去了工作能力。H 先生早年吃过的那些长生不老药，并没有改变正在变得糟糕的一切事实，也没有在无形之中影响到那头猪公。他们膝下无儿无女，身后一片苍茫，晚景寂寞而又凄凉，真正的老无所依。据说，他们的赡养事宜最终经村委会协调，确定由他侄子负责，而他名下的田产与山林，也相应地由他侄子继承。这一消息传播出来之时，有人叹息：以后再去南山开采石头，就不会像以往那样便宜了。

随着时间的推移，我们逐渐遗忘了 H 先生的存在，仿佛他从未在我们的生活里出现过。但几年之后，他故去的消息，终是像一朵漫不经心的云朵从村子的另一边飘来。那自然是一个滞后的消息。它已经在路上游荡了许多日子。所有人知道这一消息后，才恍然想起来，世界上曾有这么一个人，而且与自己或多或少有些交集。但那消息随即就被抛之脑后。我们的手头，实在有太多事情要做了。

或许正是 H 先生故去的那一年，我和堂弟结伴前往另外一个村子，路过黄家屋场之时，见到路边隆起一座没有墓碑的新坟，堂弟漫不经心地说，那是 H 先生的墓地。黄家屋场，离 H 先生长期生活的那排瓦房，十分遥远。

你肯定已经知道了，H 先生，其实是有确切的姓名的。姓黄，名字呢，我能念不能写。这种情况，在小镇上特别常见。因此，为了保险起见，我在这里称其为 H 先生。尽管这样称呼一个乡野粗人，过于洋气了些，但转念一想，他毕竟是从民国过来的人，而且见过许多我们不曾见过的世面，倒也适宜。

说完我所知道的有关 H 先生的一切，他的面孔，依然像雨天一样模糊。

脱轨者

那个中午，我感觉背后着了火。一个滚动的火球像一条疯狗穷追着我，每次都只差那么一小点儿，或许只是一厘米，它咻咻嘶鸣着的火舌就要舔着我的衬衣。我没命地奔跑，身体前倾，莽莽撞撞的，随时可能跌倒。风声呼呼哗哗地擦耳而过。

我奔跑在一团朦胧的雾气里。眼前的事物变得模糊起来。那条用碎石铺就的白花花的马路，像是鬼故事中的幻境——踩上去，脚下如同棉花一般绵软。眼角前方隐约有一些抽象的如同蚂蚁的幻影，在那团雾气的边缘跳跃；还有一些钝角的尖叫声，在那团雾气的边缘回旋。

我的脑袋里灌满了水。我听见沉重的水声，在我的脑袋里和身体里轰响。我的呼吸道里灌满了水。我听见我的呼吸声，越来越粗重。忽然，我脚下一虚，眼前一黑，打了一个趔趄。我偏离了原来的轨迹，眼看着就要重重地摔倒在地，但在最后一刻，我稳住了自己。

阳光灼人。硕大的汗珠子在我的额头上涌出。好几颗滚进了我的眼里。那些液态的盐，刺得我眼睛生疼。我一时睁不开眼睛。可是我无暇顾及。那个火球还在滚动，虽然我感觉它已离我越来越远。

我被人喊醒了。“别跑了，已经安全了。”一个遥远的声音穿过那团朦胧的雾气。刚开始，我以为那个声音与我无关；过了一会儿，我才明白它是针对我的。我的耳朵恢复了听力。耳畔一片喧嚣。

我在惯性的推动下，又往前跑了一阵，终于鼓足勇气回头望了一眼，确认真的到了安全地带，这才放缓速度，呼哧呼哧地喘着粗气。众多含义复杂的目光，从那些似笑非笑的脸上扫射而来。我的脸，涨得通红。我感觉受到了某种羞辱。

这不是梦境，而是我真实的经历。

那是九月上旬的一天。我们学校的锅炉房坏了，午餐得自己解决。十一岁的我和同学结伴步行去中学校门口的小卖部购买面包。返回途中，遇到一个酒鬼。他提着一个深绿色的酒瓶，瞪着一双血红眼睛，在马路中央歪歪扭扭地行走。他一边打着酒嗝，一边斜着眼睛看人。

他注意到了我们，开始向我们歪歪扭扭地靠近。空气中酒的臭味越来越浓。另外一种令人蹙眉的味道，也越来越浓。他血红的双眼冒着火。醉醺醺的目光里流露出邪恶。我们自觉地绕开他，就像绕开一颗已被点燃引线的爆竹，沿着马路边沿小心翼翼地行走。

我们都意识到了危险正在迫近。那个酒鬼，独自咕吱咕吱地说着谁也听不清楚的话。他的舌头打了卷。他的手打了卷。他的腿打了卷。他落在马路上的影子，也打了卷。

但谁也没有打算该怎么办。

是一个突如其来的尖叫声，让我们慌作一团。那情形，就像是一群雏鸡里忽然冲进了一只老鹰，乱了阵形。我不知道怎么回事，回头探视了一眼，却发现那双冒着火的眼睛正朝我奔来。我浑身打了一个激灵，拔腿就跑。身后越来越响亮的脚步声，让我头皮发麻。

我成为了他随意选取的攻击目标。他狂乱地挥舞着手中的深绿色酒瓶，嘴巴里咕吱咕吱地大声叫嚷着，踉踉跄跄地紧咬着我不放，直到被高年级的同学用石块唬住，才骂骂咧咧地停下来。

这是我第一次见到他。

那时的他，常年穿着一身褪了色、掉了两粒纽扣的旧军装，歪戴着一顶被摘了徽章的大盖檐军帽。许多初次见到他的人，都以为他是警察。据说，他刚刚从那位好心的退伍军人手中得到这身行头的时候，还真的耀武扬威地对出现在镇街上的陌生面孔谎称自己是警察，结果被真正的警察请到了派出所，强行扯掉了他衣服上的红色领章以及肩章。

而那一天，他穿着什么衣裳，我却毫无印象——或许就是那身被他穿得变了形的旧军装——只记得他被酒精涨得跟猪肝同一个颜色的脸，喷吐着火焰的眼睛，袒露在外的半个赭红色肚子以及浑身上下散发出来的那股令人恶心的腐臭味。

他飘忽不定的身影时常出没于我们学校门口。几乎每次都是如我第一次见到他那般，喝得醉醺醺的，夸张地打着酒嗝，而且总是斜着眼睛看人，凶神恶煞似的，好像对每一个人都充满了敌意。如果你一直拿眼睛瞅他，他准会像一只摇摇晃晃的酒瓶那样撞上来。

正是这样，关于他的故事，逐渐地多了起来。

我们那个小镇上的人，都叫他云哥。据说是个疯子，也有人说是酒邪子——不喝酒时，跟正常人无异，只不过智力有些问题，但只要一沾酒，就会百分之百地发酒疯——而且一只腿有点瘸。刚开始，我以为他所表现出来的瘸是醉酒后的失态，没想到是真的有点瘸。据说是被人打折的。

这样的人，自然没个正经工作，也讨不到老婆，靠在那条镇街上捡垃圾过活。偶尔被人雇去干几天苦力，譬如挑粪担水之类的，混口饭吃。但多半日子，都是饥一顿饱一顿的。

说来奇怪，我在镇上生活五年，多次见过云哥吃力地扛着一大捆捆扎好的硬纸板到小卖部换酒吃的情形，却从未见过他躬着身子在垃圾堆里翻找空酒瓶或废纸。或许他自有渠道吧。

那是一家他经常光顾的小卖部。掌柜是位性格豪爽、体格健壮的中年女人，镇上有传闻说，她白天是女人，晚上是男人，因此年至不惑依然单身，只是谁也不知道那传闻究竟是真是假。许是见得世面多了，她的身上有一股子江湖气。但或许是她以前开过裁缝铺的缘故，镇上的人都称呼她为李师傅。我们自然也跟着这样称呼。

远远地，云哥扛着一捆硬纸板从那条马路上一瘸一拐地走过来，嘴里还叼着半支无嘴香烟，白色的烟灰积了一截，忽地，那烟灰扑簌簌地掉落了，露出半截闪烁着暗红色火点的烟头。李师傅把胳膊肘搭在发亮的柜台上，嘴角似笑非笑地望着那团越来越近的人影。

云哥走近了，“轰隆”一声把那捆硬纸板扔在小卖部前边的空地上，然后拍拍手，扔掉烟头，像个性格豪迈的好汉一样移步至柜台前，扶一扶头顶上的大盖檐军帽，用右手食指关节敲几下柜台——算是打了招呼，继而嘿嘿笑着近乎得意地对李师傅伸出两个指头，大声道："二两。"

我这才想起来，他的口齿，一向是不怎么清楚的，就像嘴巴里始终含着一个完整的核桃。呜里哇啦的，谁也不知道他说什么。只有当他站在李师傅的柜台前打散酒喝时，他才把舌头稍微捋直了一些。

李师傅伸了伸脖子，瞅了瞅被云哥扔在地上的那捆硬纸板，顺手在柜台上拿了个玻璃酒盅，走到柜台一侧的角落，揭开酒坛的盖子，把酒端子伸到里面"咚"了一下，然后提起来对着光线哗啦哗啦地往酒盅里倒酒。到了某一刻度，果断停止。

紧盯着酒线的云哥见了，脸上显出急迫来。他耸了耸肩，挺了挺背，一边用右手食指的指关节快速地敲击着柜台，或是干脆伸出那只脏兮兮的右手指着那酒盅，一边梗着涨红的脖子呜里哇啦地对李师傅争辩着什么，眼珠子都快掉出来了。李师傅不为所动，径直把那大半杯白酒放到他面前，眉宇间有一种不容讨价还价的气势。

云哥又独自小声地咕吱了两句，见无人理会，终于坐到了置于柜台前的那条凳面被无数个酒鬼的屁股摩擦得跟镜子一样亮堂的板凳上，侧转过身，拿斜眼打量着马路上的行人，一口接一口地小酌起来。有的时候，他也是依着某先生笔下那个小说人物的样儿，斜倚着柜台小酌的。

他每酌一口小酒，脖子上的青筋就会涨起来一次。待他重新把酒盅放到柜台上，那勃起的青筋又不知藏到哪里去了。但如此反复几次，他那张被大盖檐帽挡住了半边的就像被什么东西挤压过的脸，连同那截黝黑的脖子，都红了起来，像被开水滚过一般。

红着脖子的云哥改为跨坐在条凳上了，两只黑黝黝的手抓着光滑可鉴的凳面，勾着头，嘴巴里呼哧呼哧地喘着浊气，冒火的眼睛灼烧着从马路上路过的女人的胸和屁股，活像一只正处于发情期的云豹。偶尔，他还会在臆想中发出几个邪恶的笑声，嘴角挂着一线欲落未落的哈喇子。

有一阵子，他似乎从镇街上消失了。竟好久都没看见他在李师傅的柜台前换酒吃了。据可靠消息说，他的腿再一次被人打折了。至于为什么被打，流传着两个版本。一说是抢一个女人捡来的硬纸板时被那女人的男人好好教训了一顿。另说是因他撞到了镇上的一位大人物。

传闻是真的。待他再次出现于公众视野的时候，果然更瘸了——他的那条右腿几乎是被左腿拖着走的。那副样子，就像是他吃力地拖着一件多余的东西在行走。他变成了一只横着走路的螃蟹。

大约也就是从那时开始，只要年轻男人在他面前佯装挥起手臂，他就条件反射般地抬起胳膊护住缩到脖子里的脑袋，就连镇街上的小孩们也敢拿石块掷他了。虽然他还会把脸涨得跟猪肝一样红，还会咕吱咕吱地骂人，但只要你拿眼珠子瞪着他，他就不大敢吱声了。

那大约是他最艰难的一段日子。他那条被人打折了的右腿，始终没有康复起来，或者说不曾恢复如初。但是没过多久（也许是三个月，也许是五个月），又可以看见他一瘸一拐地扛着一捆硬纸板到李师傅的柜台前换酒吃了。

依然是那身行头，只是越发破旧，依然会坐在条凳上醉醺醺地斜着眼睛看人，只是胡楂和蓬乱的头发淹没了脸。

在随后那些单调乏味的日子里，虽然也时有云哥被人揍得鼻青脸肿或是他为了争抢一件什么东西而与别人在垃圾堆里大打出手的新闻传来，但已无人在意——即便充作茶余饭后的边角料恐怕也是不够资格的吧，除非弄出更大的事故。

很快，我就告别小镇到县城念书去了，接着到小镇上的人们想象不到的大城市去生活了。只有到了临近春节的时候，我才会像一只候鸟那样回一趟小镇。于是很少再见到云哥。

但终究还是见到了。

那大约是云哥一年之中最忙碌的时候。他穿着一件脏兮兮的破棉袄——有时外面还罩着一件布满污渍的工作服，背上的字迹已然模糊——戴着一顶漆皮脱落的雷锋帽，拖着那条瘸腿，像一只受过伤的企鹅那样奋力地穿梭在那条逼仄而拥挤的镇街上，抢着帮不同的杂货店卸货。

有的店主会赏他一支香烟。他点头哈腰地用双手接住，将之别到右边的耳朵上，弓着背让负责上货的人一次放上两袋面粉，然后如同背着房子的乌龟，咬着牙向着仓库的方向慢慢移动。

有的店主则会厌恶地冲他嚷嚷："谁让你搬的？"然后头也不抬地朝他挥挥手背。意思是让他滚一边去。他局促乃至有些愤怒地站在那里，咕吱咕吱地说着什么，迟疑地把那双搭在货物上的黑黝黝的手拿了下来，又心有不甘地放了上去。

干完了一趟活或碰了一鼻子灰之后，以一种奇怪的姿势踱行在泥泞之中的云哥，斜着眼睛东张西望，嘴巴里咕吱咕吱地喃喃自语。那样子怪吓人的。他像个外星人一样被所有人注目又被所有人忽略——不及他螃蟹一般的背影拐过街角，我们就已把他忘记得一干二净了。

那个时候，我们的手头实在有太多重要的事情要做——要将母亲罗列于纸条上的年货条目一一购齐并不是一件简单的事，货比三家不说，多是一些零零碎碎的东西，况且集市上还有那么多令人眼花缭乱的新鲜事物吸引着我们的眼球，眼下这个时节，各路人马都会集于此了——镇街上此起彼伏的，是武汉三镇的声腔。

有一次却有点例外。他拐过街角时，别在耳朵里的那支香烟被迎面而来的一个男人的胳膊碰到了地上，他斜着眼睛把那人剜了一眼，正欲发飙，却见人家块头远大于自己，只好把刚刚张开的嘴巴又合上了。他满脸含怒地把烟拾了起来，用食指掸了两下，又在手掌心里磕了磕，送到了嘴里，很快又拿了出来。他朝那个人的背影小心翼翼地啐了一口。

我目睹了整个过程，不禁想起一件小事。

初三的作文课上，一位品学兼优的同学以云哥为原型写了一篇博得满堂彩的小说。他在小说中，刻画了一个栩栩如生的云哥。其中有一个“我”为云哥点烟的细节，尤得老师的赞赏。他是这样写的：我拍了拍云哥的肩膀，递给他一支香烟，并将打火机送到他面前。云哥不敢置信地望了我一会儿，感激地接过烟，把脸凑过来，用右手小心翼翼地护着火。烟点着了，他就像是得到了某种恩赐似的，咬上烟嘴使劲地吸上一口，微闭着眼睛憋了好一会儿，才把那股白雾般的烟圈儿从鼻孔里吐了出来。那神情快活得跟神仙一样。

当语文老师在课堂上把这篇小说当成范文朗读的时候，我在心里提出了一个疑问，却不敢说出来。毕竟那是小说。

我只记得，云哥在无事可干的时候，会向路人讨一个火——往往需要问好几个人才有人犹豫着把火机递给他——吧嗒吧嗒地把烟点燃，孤零零地蹲在镇街上的屋檐下，把脑袋缩在脖子里，斜着眼睛凶巴巴地盯着来来往往的女人的胸和屁股，吐着白雾般的烟圈儿。

他偶尔会抬头望天。而天正阴着。鹅毛般的雪，即将从灰色的云团里以及山坡的南麓滚落而下，淹没整条镇街和所有人的足迹。

乞讨者

他成名甚早。

或许早在我们出生以前，他就已是小镇上人尽皆知乃至家喻户晓的人物了。比镇长还要出名。就像世界名著《杀死一只知更鸟》中的怪人拉德利。

记得我们还在哭鼻子的年龄，母亲们就常拿他的名头吓唬我们——“再哭，凯就来了！”尽管我们从未见过他，也不知道他是何方神圣，但真的就不敢哭了。母亲们夸张的表情和低声警告的语气，唬住了我们。仿佛只要我们再多哼唧一声，那个叫凯的人就会沿着母亲们手指的方向闻声而来，把我们抓走，然后一口口吃掉。

在我们沙漠般贫瘠的想象里，凯是个浑身长满了野猪般粗硬鬃毛的大个头。走路时，粗壮的两臂会在胸前交替摆动，一双大脚把地面踩得轰隆直响，像一座山那样移动。尽管如此，他的身手却像猴子一样矫健，而且屁股上还长了一条有斑纹的老虎尾巴。当他张开嘴巴，就有一股黑色的烟雾喷出。一口雪白的尖牙，在暗夜里闪着寒光。

至少，是的，他至少也应该像是狼外婆那样，生有一张尖嘴巴的脸，两只狡黠的眼睛不停地骨碌骨碌地旋转着，长而尖利的指甲，被他藏在两个深不见底的口袋里。他经常戴一顶灰色的帽子，披着黑色的斗篷，像影子一样在村子里出没。那些爱哭鼻子的孩子，是他最钟爱的猎物。哭声，则是一条条引诱他前来的小径。

而待我们稍微长大了一些，尤其是在村子里见了一些世面以后，以为他只是擅于在孩子们面前说谎的母亲们虚构出来的一个人物。世界上怎么会存在那样的人呢？那样的人只会出现于大人们在深夜的炉火旁编织的故事里。他们用舌头编一个故事，就跟用棕榈叶编织一根绳子那样容易。村子里的绳子上晾满了故事。

谁知小镇上确有其人。更不可思议的是，他就生活在邻近我们的一个村子里。只是现实生活中的他，与我们把脑袋凑在一起努力想象出的那个形象很不一样，甚至大相径庭，这不免让人大失所望。但人人都与之保持着一定的距离，倒是不失真实。

他借以栖身的地方平淡无奇，并没有什么特别之处。它既不是在终年有云雾出没的高山森林里，也不是悬崖边一个有着不同寻常来历的雄伟洞穴，更不是一座有着尖屋顶的古老城堡——想象他的居住地，对那个时候的我们而言还真是个难题，谁叫我们一直生活在村子里呢——而是位于一条崎岖小路的上方。

那是一间破败而又简陋的石头房子，茅草和玉米秸秆盖就的房顶，孤零零地矗立在一片空旷的田野里。历经风吹日晒与雨淋，砌进墙体的石头已经发白。简直像月光一样白，骨头一样白。发红泛黄的苔藓爬满墙角，没过膝盖的狗尾巴草无处不在。远远望去，那间房子就像是一朵干枯的蘑菇，也像一座庙宇的废墟。

其实，我也一早见过他了。

那年，父亲带我去镇上抓药的那些日子——我生了一场大病——我们就已多次在那条崎岖的小路上与他打过照面。

那是一个身材矮小，头发蓬乱，面容模糊的人。他多数时候都是倒剪着双手站在那朵干蘑菇前，虚着眼睛望着那个镶着一圈光环的太阳发呆，偶尔是蹲在一道荒芜的田埂上，也不知道正在干什么，大约是在观察蚂蚁搬家吧。

他似乎与父亲认识。每次看见我们沿着那条路往镇上的方向走去，他总会有意无意地跟父亲打一个招呼：某某（父亲姓名后边的两个字）赶场去啊。尾音拖得特别长。父亲有时会用谑笑的口气回应一下，有时会对他的问候不予理睬，留下他一个人自言自语。

只是最初，我并不知道他就是那个曾经让躺在襁褓中或正处于牙牙学语阶段的我们在瞬间就停止哭泣并惊恐地四下里张望的凯，也就不曾感到十分害怕。即使有那么一点害怕，也是出于孩子对陌生人本能的躲避。

我还以为，他是我们家族中某户人家的亲戚呢。

一个从镇上返家——路过他的房子而他刚好不在——的下午，我想起了他对父亲的问候，终于没有按捺住好奇心的驱使，向父亲打听起了那个不厌其烦地向他致以问候的人："他是谁？"

"凯。"父亲如此回答，并俯身瞅了我一眼。我感觉到了，他的语气里有一丝疑惑，目光里也有，甚至连肢体语言里也有。"凯都不知道？"他肯定是这么想的。很多时候，他都想当然地认为，不需要他手把手的传授，我们就会自行掌握某项本领，或是认识某种植物。他以为时间会让我们变得无所不知。

父亲忽略了很多事情。

我确信如此。他肯定没有注意到，他给出答案的那个瞬间发生在我身上的微妙变化——我心头一惊，莫名地紧张起来。潜伏在我身体抑或是意识中某个角落里的恐惧，如同一粒裂出胚芽的种子，被悄然唤醒了。我下意识地扯紧了他的衣角。

凯肯定是会缩骨功或伪装术的，不然他不会把自己变得那样矮小，而且看起来并无恶意。就像狼外婆去那些大人不在家的人家做客，会想办法把尾巴藏在坛子里一样。我独自想。

于是，再次与他照面时，我就不敢拿正眼瞧他了，而且小心翼翼地躲避着他的目光。我担心，他会忽然原形毕露。母亲们的传说，有了附体的一具躯壳。

或许正是这个原因，我虽然见过他那么多次，却描绘不出他的具体相貌，只是记得他不男不女的声音——用小镇上的话说，那叫姑娘婆婆的声音。在知道他是谁之前，我也没觉得那声音有什么；但是自那个下午之后，那声音竟让以前听到他名字时滋生的恐惧感复活了。

用那种声音说话的人，非狼外婆莫属。

但是我不敢把这些事情告诉父亲。因为那一年，我已经五岁了。

第一次认真地打量他，大约是在村小学读书时的一堂数学课上。那时，我已有好久（可能是一年，也有可能是两年）没见过他了，丰富多彩的学校生活早已让我忘记了他的存在。

那天，数学老师正给我们上课，一团蓬乱的人影忽然闪现在了窗户上，探头探脑的，模样如同皮影戏里的人物。我们被那团鬼鬼祟祟的影子吸引了。我们低下脑袋，伸长脖子，佯装认真地听课，却不时偷偷地瞄一眼窗户。

数学老师从我们欲盖弥彰的举动里发现了异样，停顿下来，顺着一位同学的目光，朝窗户那里瞥了一眼。那团人影还窗花一样贴在那里。他拿着一把被漆得金黄的三角尺走到门口，用教师那种特有的严肃语气质问那团踟蹰而又蓬乱的人影：在这里做什么？

那团人影畏畏缩缩地移步至教室门口，站定在数学老师面前。教室门口那匹光亮的瀑布，淋了他满满一身。

那是一个蓬头垢面之人。鸡窝一般凌乱的长发没住了耳朵，一对紧蹙的浓眉隐约可见，灰土土的面相宛若一个中年妇人，但看不出具体年纪——说他有五十多岁大约也是可信的吧。他抬至小腹前的双手捧着一只外壳瘪瘪囊囊、黑不溜秋的铝质炊具。

那张看起来有些阴阳怪气的妇人脸，在某个瞬间拧成了一个半生不熟的苦瓜。他把那只炊具端起来展示给老师看。

“我刚刚在西家讨了一把米，结果在路上，一个姑娘趁我不注意往我的米里撒了一把泥灰。”他呜里哇啦地说。

“您看看？”他一边说，一边用黑污污的右手扒拉着炊具底部。有窸窸窣窣的声音从里边传来。一把灰色的米被他抓在半空中，然后从他的指缝里漏下。“您得给我主持公道。”他皱着脸央求数学老师。

“这种事得去找村干部。他们管这个。”数学老师说完，抬起右手朝某个方向指了指。我们都知道村委会位于那个方向。

那人还想继续申辩什么，嘴巴像一条虫子似的蠕动着，脸上的线条蠕动着，两匹眉毛蠕动着，眼神里闪烁不定的一点光芒也跟着蠕动着，终究被厉声支开了。某些尚且不能被我们理解的复杂神情，在数学老师脸上一闪而过。

那人惆怅地迈下台阶，蓬乱的蹒跚的犹豫的背影，犹似一团黑色的不规则的云块，带着一股子说不清楚的味道，消失在空旷的操场上。

我记得是他说话时让人浑身起鸡皮疙瘩的声音，让我想起他就是站在那朵干蘑菇前，把双手倒剪于身后与父亲说话的人。我终于看清楚他的庐山真面目了。有人说他从来不长胡须，看来不是胡诌。

也就是在这个日子，我们都不约而同地知道了，他的身份是一个讨狗子，一个以乞讨为生的人。关于这一点，此前没人告诉过我。在他的房子前与他打过那么多次照面，父亲没有告诉过我。

奇怪的是，我在这一天并没有被恐惧缠身。面对他，除了知道他的身份后略感吃惊外，我感觉很平静。或许是我已经模糊地意识到，母亲们为什么会拿他来唬哭鼻子的孩子了。但还有另外一种可能，即我当时坐在人多势众的教室里，他完全看不见我。

“他手脚不瘸不跛，为什么要去乞讨呢？”

“懒。”

“他是个孤老吗？”

“以前他是有个媳妇的，而且还很能干。”

“他媳妇呢，跑了吗？”

“不，病死了。”

“他们以前也住在那间破房子里？”

“不，以前他们是有三间敞亮的大房子的。但自从他媳妇死后，他就变得五体不勤了，房子也因不事修葺，塌得只剩下那半间了。”

“他为什么忽然之间就变成了那样一个人呢？”

“或许本性如此。”

在村小学念了四年书之后，出于教学质量的考虑——哦，我想起来，比这更重要的一个原因是，村小学最高年级只有五年级，六年级已被撤销了——我被父亲送到镇上的寄宿学校念书。也就是从那年秋天开始，我每个周末都要从他的房子前经过两次。有时有邻居家的小伙伴同行，但更多的时候，是我一个人独自经过。

最初一段时间，我一直是提心吊胆的。但凡经过那间房子，身体就无端地绷得像一张弓，胸腔里怦怦的有一团紧缩的火焰跳动。仿佛那间破败的黑房子里圈养着一头随时会扑将出来的猛兽。

说不定是一只老虎呢。

幸运的是，那个曾在我们的想象中长着一条老虎尾巴，在村子里像影子一样来去如风的人，很多时候都不在家。

许是出去乞讨了。但只要他一露身，或是在门后露出那张妇人脸，我就会在童年阴影的驱使下，把书包扛在头顶上，闷着头在那条崎岖不平的山路上一阵风似的小跑起来，直跑到他的声音追不到的地方，才停下脚步气喘吁吁地往那朵干蘑菇的方向望上一眼。

但时间一长，发现他既不是老虎，也不是猩猩，危险系数并不高，胆子渐渐地就肥了起来，甚至敢远远地拿他开涮了。

“凯，你在干啥子？”

“晒月亮。”他坐在一块发白的巨石上阴阳怪气地回答。

“那晚上晒什么呢？”

“晒太阳。”他一本正经地说。

他这一堪称经典的回答，很快就传遍了整个小镇。每个人路过他家房子或者在街头村尾遇见他，都会问他这个问题——“白天晒什么？”“晚上晒什么？”而他也不知道恼，千百遍地重复着那个回答。每一次，他都表现得像是第一次被人问及这个问题。

当然，小镇上的人都知道，他的名声之所以在小镇上持续流传，而且与疯子云哥不分上下，并不是依靠这类耍在嘴皮子上的小小把戏。

这样说似乎也不对。或许村子里的长辈们都还有印象，他最开始在东家西家混吃混喝的时候，他的那张嘴实在是立下了汗马功劳的。

但要追究他究竟是从哪一年开始到别人家混吃混喝的，估计没有人能说出那个年份。在对这件事情的回忆中，长辈们大概都只会这样说，从某年开始，但凡小镇上哪户人家操办白喜事时，都少不了他的身影。而且他们还会说，他参加葬礼的身份总是十分特殊：哭灵人。

据说，他一进入灵堂，就会扑倒在地，像东欧国家专职的哭丧妇那样，前俯后仰地一遍遍呼喊着他对亡人的亲切称呼——“我的亲哥哥耶——”“我的亲姐姐哟——”旁人拉也拉不住。他哭得是那样伤心，涕泪横流，一唱三叹，及至肝肠寸断的地步，让亡者真正的女眷都感到无地自容。好像她们都不及他伤心。

那时，整个灵堂都回荡着凯的哭丧之声。奔丧的人，无不被他那奇特的哭腔吸引过去，伸长脖子围拢在灵堂，犹似观看一场表演。身着青色道袍的道士先生也跟着来了精神，在灵堂那方小小的空间里像虎豹一般灵活地闪展腾挪，嘴中吟诵着古老的往生咒，手中的锣鼓铙钹一起上阵，一时好不热闹。

终于有哭累的时候。逮着个空子，凯就理直气壮地去吃流水席，也无人阻挡。事实上，当他闭起嘴巴的时候，无人有闲暇在意他这样一个面目模糊的人。不知情者，还真以为他是那户人家许久没有走动过的亲戚呢。

许是尝到了甜头，后来，小镇上哪家儿子娶亲，哪家姑娘出嫁，他也会穿上一套自觉体面的衣裳，去凑个脸，捧个场。只是这样的场合，主人请来的管事者多半都会将他这个不请自来的客人拒之门外。

但毕竟是喜事，为了讨个吉利，也是为了尽快将他打发走而不节外生枝，主人都不会让他难堪，而且还会给他封一个红包塞一包喜糖。而他也明白得很,拿了红包和喜糖，就立刻从人们的视野里消失。

久而久之，这样的施舍行为竟成了一条不成文的惯例。但凡办喜事的人家，都会自觉地为他准备一个红包。大家都知道，如果他得不到那“应该有”的一份，可是要赖着不走的。如果他没有大驾光临，人们反而有些不习惯。

“凯怎么没有来呢？”他们如此念叨着。

“节省三五块钱不好吗？”

“您那已是老皇历啦。这年行情见涨了，据说要三五十了。您以为凯是那么好打发的吗？”

“他是怎么知道别人家操办喜事的呢？”

“肯定是闻着哪家有鞭炮唢呐响，就往哪家跑。”

“可是河那边那么远的人家，他也去了。”

“肯定是提前得到了消息。”

“谁告诉他的呢？”

“说不定有人专门给他提供这方面的情报。”

“好私下里分成吗？哈哈。”

因为某件事偶尔谈论起他时，人们你一言我一句的，总有说不完的话题。

最近，小镇上又在流传他的故事。说政府帮他这个五保户盖新房子时，干活的师傅在他狗窝般邋遢的床底下翻出了一沓百元大钞，数完竟有三万元之多。只是部分已经霉烂。据说这些钱，都是他将吃酒得来的零钞在银行换整后存下来的。

“也不知道他存这么多钱干什么。”有人说。

“还想讨一房媳妇吗？”另外的人说。

我刚刚在村子里见过他，依然蓬头垢面的，相貌与二十多年前相差无几，只是腿脚不再利索，走到哪里，都需拄着一根竹棍。都说生有一副女相的男人有福，然而他如今鬓毛已衰，愁容却一如当年深刻，就像是谁拿着刀子刻上去的，一刀比一刀使得厉害。

当年年轻的母亲们，如今都已坐稳了祖母的宝座。她们在形容某个看不顺眼的人时，多半会说：“穿得跟凯似的。”或，“穷得跟凯似的。”同时，她们布满皱纹的嘴边还会响起一片啧啧声。

那样子，就像是在发自肺腑地赞叹某个人。

后记：家书寄远人

一

距离上一本散文集的出版时间，已有五年之久。

五年时间，在以世纪为衡量单位的人类历史长河中，仅仅如同一滴水，实在不值一提，但对个体的生命而言，却是十分重要的时间跨度。五年前，收到那本散文集的样书之时，我们还幸运地拥有父亲，还有“爸爸”可叫，尽管彼时他疾病缠身；如今，他的墓地早已褪尽颜色，春夏芳草萋萋，秋冬一派萧索。物是人非之感，犹如藤蔓植物的根须，紧紧攀附于心壁，不是一声叹息就能安抚。

自从父亲带着他一生的秘密和故事，在一个夏日的黄昏离开我们以后，他穿过的衣物和使用过的部分物品，依照祖宗传下来的规矩，都被清理处置；我们从此很少谈及他，好像与他有关的话题，都属于不可擅自闯入的“禁地”；关于他的记忆，曾在某个时刻蜂拥而至，可随着我们从悲伤中重新抬起头来，回归到各自不得不面对的日常生活之中，它们也像潮水般以不可控的速度向深海退去。他留在这个世界上的痕迹，随着时间的流逝，已越来越少。

我意识到了危机。我曾在父亲的协助下调查河内堂向氏的来龙去脉，却在采访中意外发现，数典忘祖的现象普遍存在。祖先们绾草为记、筚路蓝缕的故事，多变为语焉不详的传说；他们曾经响当当的名字，亦在后辈子孙口中失传。我不能忍受父亲与那些散落乡间的祖辈一样，就这样从我们的生活中，从我们的记忆里，从这个世界上悄无声息地消失——“好一似食尽鸟投林，落了片白茫茫大地真干净”。

父亲是一个有故事的人，是一个不应该被遗忘的人。他从出生到辞世，长达大半个世纪的人生，恰好见证了这个国家五十年代以来的全部历史。众所周知，出生于那个年代的人，没有谁的经历是平淡无奇的。尽管他们多为草莽，在历史面前面目模糊，但推动时代车轮滚滚向前的，少不了他们的一双手。父亲是他们中的一个。他的个人史，既是国家历史的组成部分，也是国家历史的缩影。

墨西哥作家卡洛斯·富恩特斯在《胡安·鲁尔福：神话之时间》这篇文章中提到一个观点，我很认同：“如果历史是我们意志的作品，而不是众神的随意之作或是大自然进程的产物，那么维系历史就是我们的义务：保持时间的回忆。”

对我而言，尽我所能写出父亲一生的故事，就是在履行“保持时间的回忆”“维系历史”的义务。如果我不及时把那些与他有关的记忆碎片从深海里打捞而出，它们将像船舶的残骸，永远沉没于漆黑的海底。我不能让历史发生断裂。

这便是推动我创作《与父亲书》的力量。

二

“与父亲书”，顾名思义，写给父亲的书，献给父亲的书。父亲是那个特定的预设读者。如此而言，我们完全可以把这本书看成是一封写给父亲的长信。在这封可能永远也不会结束的长信中，我试图与父亲进行一番马拉松式的长谈，像亲密无间的父子那样，像有过命之交而又惺惺相惜的兄弟那样。

我们确有必要进行一番长谈，而且我已准备好满腹之语。这都是因为在他活着的时候，我们错过了一次次向彼此吐露肺腑之言的机会。

许多年来，我们见面的情形如出一辙：总是在寒暄一番之后，随即就陷入沉默的旋涡。尽管我们的嘴唇都因埋藏着无数话头而艰难地嗫嚅着，闪烁其词的目光也都在彼此添了一分陌生的脸上逡巡，但出于在过去漫长岁月里形成的某种并不健康的习惯，谁也不曾率先抡起闪亮的语言之斧，劈开沉默河面的坚冰。

一股神秘而又强大的力量，阻止我们张开嘴唇；一道无形的沉默之墙，是那样结实地横亘于我们父子之间。

这都源于父亲“赫尔曼·卡夫卡”式的坏脾气和擅于嘲讽的教育方式。和赫尔曼·卡夫卡一样，他曾“通过力量、大叫大嚷和发脾气”，深深地伤害过我们，并影响到我们现在以及未来的生活。与此同时，他把自己推到一个独属于孤独者的阵营。因为我们和弗兰茨·卡夫卡一样，面对父亲，“终于哑口无言”。

当我略经世事体会到父亲内心无以排遣的孤独以后，曾试图翻越和拆除这道沉默之墙。譬如在见到父亲之前，我总是会进行一番心理建设：在他面前，我要像在朋友面前那样开朗健谈，要多问问他镇上的掌故与新闻，要向他多讨教村子里的繁文缛节……然而，一旦见到他，我的嘴唇就被贴上了封条。

父子间这种令人窒息的沉默，一直持续到他生命的尽头：

——在病房里，作为陪护者的我们多数时候都是坐在床尾或椅子上刷着手机，他则目光空洞地盯着天花板或电视机，最终不得不闭上眼睛，借由睡眠打发死水般沉寂无澜的时间，逃避近乎大雨将至前的沉默气氛；

——在他漫长的弥留之际，我们仍然难以逾越那道障碍，而放任他独自沉陷于漫无边际的梦之沼泽，翕动嘴唇，喃喃自语；

——最后时刻，他既没有立下只言片语的遗嘱，也没有向我们郑重道别。

事实上，第一次去武汉陪他确诊之时，我就携带了一支录音笔，并幻想着在陪护期间让他打开话匣子，回忆自己的童年、少年以及青年时代，尤其让他多讲讲从一九九八年至二〇一四年这十多年间，他被席卷中国大地的打工潮所裹挟，在外省谋生的经历，从而对他进行一个全面而又细致的了解，可我从未鼓起勇气张开嘴唇，录音笔也就没有派上用场。我为此后悔不已。

父亲最终没有留下只言片语的遗嘱，我猜想他是斩断了对这个冷酷世界的念想；既然我们对他无话可说，他对我们也无话可说。

而我写这本书的初衷之一，就是想与他谈一谈我们父子之间为什么会无话可说，谈一谈他在我心目中的形象，谈一谈他和母亲的关系，谈一谈我们共同经历的那些足以让人铭记终生的事件，谈一谈那些我们共同认识的无名之辈。

我相信，写作是一条可以通往对方内心世界的小径。

三

可书写父亲何其困难啊。

世界文学史上，加西亚·马尔克斯、吉马朗埃斯·罗萨、西格弗里德·伦茨等前辈已为我们创造出了众多经典的父亲形象：《百年孤独》中时而富有进取心时而把家庭责任抛之脑后的何塞·阿尔卡蒂奥·布恩迪亚；《河的第三条岸》中那个好像没有任何缘由便订购了一条船在大河中漂浮，再也没有上过岸的“父亲”；《德语课》中刻板严肃的鲁格布尔警察哨哨长严斯·奥勒·耶普森……

还有我喜欢的波兰籍犹太作家布鲁诺·舒尔茨，他在《鳄鱼街》和《沙漏做招牌的疗养院》这两本短篇小说集里，创造出的那些个异化的父亲形象，譬如那个在阁楼上孵鸟从而具备了某些鸟类特质的父亲，那个最终变成蟑螂的父亲，那个已经死了很多次，却仍以螃蟹的形象在房间里上演逃亡戏码的父亲，都让我窥见自己父亲的影子。他们一样神经质，一样离群索居，一样不被外人理解。

更加不可思议的是，一百余年前的一九一五年，弗兰茨·卡夫卡在一个叫舍勒森的地方借由信纸（或打字机）对他父亲赫尔曼·卡夫卡所倾吐的种种事情，十之八九我都有过切身体会。他笔下的那个专横暴戾的父亲，与我们的父亲何其相似啊。正是这样，我从此对卡夫卡用德语建造的那一座座“笼罩在雾霭和夜色中”的神秘“城堡”，多了一份近乎有着某种血脉渊源的亲近感。

伟大的文学作品既让人爱不释手，又让人心生绝望。我在写作这本书时，这些文学史上著名的父亲形象，时时像航标和灯塔一样浮现在我茫无涯际的脑海里，成为我写作不可或缺的参照。与此同时，他们也让我痛苦地意识到一个问题：我还能写出一个不一样的父亲吗？如果不能，我写下的那些文字又有什么意义？

这是一个困惑，另外一个困惑在于，囿于道德伦理隐形的影响和制约，大多数中国作家写就的关于父亲的文章，都只是写出了一部分父亲，而把另外一部分父亲藏了起来，或者根据自己的需要，对其进行了美化和修饰。我们所看见的那个父亲，并非一个完整的父亲，或者说完全真实的父亲。

莫言的中篇小说《红高粱》在二十世纪八十年代中期之所以甫一问世便引起强烈反响，其中一个十分重要的原因在于：居然有人那样汪洋恣肆地书写“爷爷”和“奶奶”的风流韵事。他突破了传统写作伦理的禁区。

那么，我敢面对和书写最真实的那个父亲吗？

四

我渴望写出一个不一样的父亲，一个与众不同的父亲，而且有小小的野心让读者诸君在他身上，窥见自己父亲抑或父辈的影子。这当然只能是奢望。我唯一能做的，就是把一位不加美化和修饰的父亲，如实地写进文章里。

收录于这个集子中的六篇散文，最早的一篇《九月永存》完成于二〇一七年，最晚的一篇《时间城堡》完成于今年三月。几乎每一篇，都用尽了我十二分力气。“最熟悉的人最难写”，这条不成文的写作定律，在我的写作过程中得到了深刻体现。要把父亲的形象从日常事务中浮现出来，首先要把他还原到日常事务中去。而要还原丰沛的日常生活细节，则要带着放大镜沉入到往事中。

这是一个痛苦的过程，如同在梦醒之后，努力地还原梦中人说过的每一句话，做过的每一件事，还包括还原梦中人的微表情与肢体动作。更确切的说法，是把早已消失得无影无踪的梦重新召唤回来，像文物修复师一样对细节进行修复。

我还渴望创作出不一样的散文。中国白话散文历经百余年，传统意义上的文学散文正如李敬泽在二十年前撰文所说，已沦为侏罗纪公园。在散文观念上，我十分认同李敬泽所提倡的回到先秦文章传统，向庄子学习，或者向岁兰·巴特和本雅明学习。因此在具体的写作过程中，我一直把脑子里固有的散文概念排除在外。

我不知道是否做到了这一点，但相较于过去的作品，我自认为还是有所变化。

当我完成这本书的创作，梳理书稿时，我看到了不同年龄、不同时代乃至不同性格的父亲。《鼠患之年》中的那个父亲，面对大蛇沉着勇敢，面对困顿的生活却满含悲愤；《九月永存》与《独角兽》中的父亲，被疾病日夜折磨，身体里塞满恐惧和无穷无尽的孤独；《巴别塔》中的那个父亲，性格暴躁，而且拥有一段可能存在的情感野史；《时间城堡》中的那个父亲，不被父母所爱，像一个孤儿……

最后一篇文章《无名之辈》，写的是三个小人物的故事。虽然H先生、云哥、凯三人在镇上大名鼎鼎，但读者诸君只需瞄上一眼，便知道那是另外一种名声。追根究底，他们都属于社会边缘人，都属于“被侮辱与被损害的人”，就连小孩子都敢拿他们开涮。尤其是云哥，活脱脱阿Q转世，害怕强者，欺负弱者。

这篇文章与父亲并没有什么关系，而我之所以把它收录进来，正如前文所说，是想与父亲谈一谈我们共同认识的无名之辈。“与父亲书”，不仅仅是讲述与父亲有关的故事，也包含给父亲讲故事的意思。

五

这是我的第五本书，也是第五本散文集。但在某种意义上，我更愿意把它当成是我的第一本书。因为无论是我的生活，我的工作，还是写作，都与过去不一样了。是的，在父亲离开我们的那一刻，我们的生活就注定与过去不一样了。

我在自序中也说，自从父亲离开我们以后，每天总有那么几个时刻，“父亲”这两个字眼和他的身影，会在我的脑海里一闪而逝。这影响到我的写作。去年，《大家》杂志给我开设了一年小说专栏。我为此创作了六篇短篇小说。当我把最后一期稿件发给编辑时，我吃惊地发现，六篇小说中，有五篇小说的主人公，都拥有一个身份，那即是父亲，而且是失踪的父亲，作为失败者的父亲。

我无法预见我日后会不会成为布鲁诺·舒尔茨这样的书写父亲的专业户，但我已明确地知道，“我的写作都围绕着你，我写作时不过是在哭诉我无法扑在你怀里哭诉的话”——正如卡夫卡在信中对他父亲倾诉的那样。

2021 年 4 月 19 日

图书在版编目（CIP）数据

与父亲书 / 向迅著. -- 北京 ：北京十月文艺出版社，2021.6

ISBN 978-7-5302-2146-4

Ⅰ. ①与… Ⅱ. ①向… Ⅲ. ①散文集—中国—当代

Ⅳ. ① I267

中国版本图书馆 CIP 数据核字（2021）第 078319 号

与父亲书

YU FUQIN SHU

向迅 著

出　　版　北京出版集团

　　　　　北京十月文艺出版社

地　　址　北京北三环中路 6 号

邮　　编　100120

网　　址　www.bph.com.cn

发　　行　新经典发行有限公司

　　　　　电话（010）68423599

经　　销　新华书店

印　　刷　北京盛通印刷股份有限公司

版　　次　2021 年 6 月第 1 版

　　　　　2021 年 11 月第 2 次印刷

开　　本　880 毫米 ×1230 毫米　1/32

印　　张　11

字　　数　160 千字

书　　号　ISBN 978-7-5302-2146-4

定　　价　52.00 元

质量监督电话　010-58572393

如有印装质量问题，由本社负责调换。